Gerhard Hörster
Markenzeichen „bibeltreu"

Gerhard Hörster

Markenzeichen „bibeltreu"

Die Bibel richtig verstehen,
auslegen, anwenden

BRUNNEN VERLAG GIESSEN/BASEL
BUNDES VERLAG WITTEN

ABCteam-Bücher erscheinen in folgenden Verlagen:
Aussaat- und Schriftenmissions-Verlag Neukirchen-Vluyn
R. Brockhaus Verlag Wuppertal
Brunnen Verlag Gießen (und Brunnquell Verlag)
Christliches Verlagshaus Stuttgart
(und Evangelischer Missionsverlag)
Oncken Verlag Wuppertal und Kassel

CIP-Titelaufnahme der Deutschen Bibliothek

Hörster, Gerhard:
Markenzeichen bibeltreu: die Bibel richtig verstehen,
auslegen, anwenden / Gerhard Hörster. –
Giessen; Basel: Brunnen-Verl.; Witten: Bundes-Verl., 1990
(ABC-Team; 3411)
ISBN 3-7655-3411-0 (Brunnen-Verl.)
ISBN 3-926417-09-9 (Bundes-Verl.)
NE: GT

© 1990 Brunnen Verlag Gießen
Umschlaggestaltung: Rudolf Horn
Satz: Typostudio Rücker & Schmidt
Herstellung: Ebner Ulm

Inhalt

Vorwort

Die Bibel steht zur Zeit hoch im Kurs. Das zeigen schon die Absatzzahlen der Bibelgesellschaften. Es ergibt sich aber auch aus der erfreulichen Tatsache, daß sich alle christlichen Kirchen in der Bundesrepublik Deutschland darauf verständigt haben, das Jahr 1992 in besonderer Weise zur Bibelverbreitung und zum Bibellesen zu nutzen. Es wird viele Bemühungen geben, die Bibel ins Gespräch zu bringen.

Evangelikale Christen haben das schon immer für ein wichtiges Anliegen gehalten. Denn sie verstehen die Bibel als die maßgebliche Autorität für Glauben, Lehre und Leben, weil sich durch sie der lebendige Gott den Menschen immer wieder offenbart. Deswegen begegnen sie der Bibel mit Ehrfurcht und bezeichnen ihre Haltung gegenüber der Heiligen Schrift gerne als „bibeltreu". Aber was bedeutet das konkret?

In dem breiten Strom der evangelikalen Bewegung gibt es recht unterschiedliche Stellungnahmen zur Bibelfrage. Der Verfasser wurde gebeten, seine Auffassung in verschiedenen Vorträgen in der Freien evangelischen Gemeinde Düsseldorf darzulegen. Sie sollten – verbunden mit einer Bibelausstellung – die Bibel ins Gespräch bringen. Die Besucherzahlen zeigten, daß dies gelungen ist.

Aufgrund des Echos entstand der Gedanke, die Vorträge einem größeren Leserkreis zugänglich zu machen. Das soll hiermit geschehen. Die Form des Vortrags ist bewußt beibehalten worden. Sie soll dem Leser die Möglichkeit geben, sich mit den Inhalten ähnlich auseinanderzusetzen wie die Zuhörer in Düsseldorf.

Möge Gott es schenken, daß die Beschäftigung mit der Bibel viele Menschen zum Nachdenken bringt. Wer sich um richtiges Verstehen, Auslegen und Anwenden der Bibel bemüht, wird reich belohnt: Er begegnet dem lebendigen Gott, der sich durch Jesus Christus uns Menschen zugewandt hat. Wie das geschehen kann, will dieses kleine Buch beschreiben.

Ewersbach, im November 1989   Gerhard Hörster

1. „Ich freue mich über dein Wort"*

oder: Warum Menschen so viel an der Bibel finden

Das Zitat, das diesem Vortrag als Thema vorgestellt ist, stammt aus dem längsten Psalm der Bibel. In Psalm 119, Vers 162 heißt es: „Ich freue mich über dein Wort wie einer, der große Beute macht."

Es geht um ein persönliches Bekenntnis. Es gibt ja viele Grundsatzvorträge über die Bibel: streitbare, verteidigende, abgrenzende und ausgrenzende. All das kann man mit der Bibel machen; aber das steht jetzt nicht an. Denn der Beter dieses 119. Psalms verbindet Bibel mit Freude und Beute. Gerade beim letzten – aber auch bei der Freude – muß ich an ganz etwas anderes als an die Bibel denken. Ich denke an Winterschlußverkauf. Wenn man dabei eine gute Qualität zu einem günstigen Preis erhält, kommt man freudestrahlend nach Hause und sagt: „Ich habe einen Fang gemacht."

So ähnlich ist das mit dem Beter dieses Psalms. Er sagt „Bibel" und: „Ich habe einen Fang gemacht. Ich freue mich darüber. Das ist ein unwahrscheinliches Geschenk." Ich weiß nicht, mit welchen Empfindungen Sie der Bibel begegnen. Für mich ist der Psalm 119 bei der Vorbereitung auf diesen Vortrag zu einer Anfrage geworden. Die Bibel ist für mich als theologischen Lehrer ein tägliches Arbeitsbuch. Ich empfehle es meinen Studenten – wie könnte es anders sein in einem theologischen Seminar.

---

* Diese Ausführungen gehen auf Vorträge zurück, die der Autor 1989 in der Freien Evangelischen Gemeinde Düsseldorf hielt.

Die Bibel ist für mich Forschungsobjekt; denn ich soll sie ja auslegen und in der hebräischen und griechischen Grundsprache lesen und erklären können. Die Bibel ist für mich Grundlage der Lehre. In meinem Fach Ethik frage ich danach: Was sagt die Heilige Schrift zu bestimmten ethischen Fragen? Aber die Bibel als Freude und als Beute – „Ich habe einen Fang gemacht"! Ja, das ist sie auch.

Jedoch: Ehe ich davon rede, und zwar von mir persönlich, möchte ich Sie auf einen Weg mitnehmen und Sie einladen, in Geduld diesen Weg mitzugehen. Die Stationen dieses Weges sollen kurz skizziert werden. Ich möchte mit Ihnen fragen: Worauf bezieht sich eigentlich dieser Vers 162 in Psalm 119? „Ich freue mich über dein Wort wie einer, der große Beute macht." Ich habe vorhin so schnell gesagt: Das ist ein Wort über die Bibel. Aber hier müßte man vielleicht doch etwas stehenbleiben und fragen: Ist das ein Wort über die Bibel? Worauf bezieht sich dieser Vers?

Eine zweite Station unseres Weges wird die Frage sein: Wie haben unser Herr Jesus Christus und die Apostel ihre Bibel, das Alte Testament, gelesen? Gibt es etwas ähnliches wie „Freude", „Beute"? Eine nächste Station wird die Frage sein: Wie haben Menschen in der Geschichte der Gemeinde Jesu Erfahrungen mit dieser Bibel, dem Wort Gottes, gemacht?

Dann gehe ich auf die Frage ein: Wie ist das denn bei mir persönlich?

Ich lade Sie also ein, diese Stationen mit anzusteuern. Wir beginnen mit der ersten: „Ich freue mich über dein Wort." Worauf bezieht sich das? Ist die Bibel gemeint?

Ich beginne mit Beobachtungen im Äußeren. Wer die Bibel aufgeschlagen hat, der hat es vor Augen. Die anderen haben es sicher schon an der Verszahl gemerkt und wissen es vielleicht auch durch die Beschäftigung mit der Bibel: Der Psalm 119 ist der bei weitem längste Psalm des Psalters. 176 Verse hat er. Ob man so etwas auswendiglernen kann?

Ich hatte eine Tante, die sagte: „Das haben wir gelernt; und ich kann ihn auswendig." – Ich kann das nur bewundern: der längste Psalm im Psalter – 176 Verse!

Es ist nicht einfach, ihn in Deutsch auswendigzulernen. Die Juden, die das Hebräische als Muttersprache beherrschten, waren da besser dran; denn dieser Psalm ist im Hebräischen sehr übersichtlich gegliedert. Alle 22 Buchstaben des hebräischen Alphabets kommen darin vor, und jeweils ein Buchstabe leitet acht Verse ein. Das beginnt mit „Aleph, Beth, Gimmel, Daleth" und erstreckt sich bis zum „Taw". So konnten sich hebräisch sprechende Menschen die einzelnen Verse merken.

In jeder Zeile dieses Psalms gibt es eine Aussage über das Wort Gottes. Der 162. Vers gehört zu dem hebräischen Buchstaben „Sin". Er entspricht unserem deutschen „S". Mit diesem „Sin" beginnt das hebräische Wort für Freude. Also: „Ich freue mich über dein Reden wie einer, der große Beute macht." – So steht es dort im Hebräischen.

Gehen wir einen Schritt weiter: vom Äußeren, vom Formalen zum Inhalt. Was wird in diesen 176 Versen besungen? Ich sagte: Das Wort Gottes kommt in jedem Vers vor. Aber die Art, wie über das Wort Gottes gesprochen wird, ist völlig unterschiedlich. Ich nenne Ihnen die verschiedenen Begriffe, die darin vorkommen. Es ist von „deinen Unterweisungen", von „deinen Mahnungen", von „deinen Befehlen", von „deinen Regeln und Ordnungen", von „deinem Gebot", von „deiner Rechtsordnung" die Rede, aber auch von

11

„deinem Wort" oder – wie in unserem Vers – von „deinem Reden".

In den vielen Begriffen dieses Psalms schlägt sich die Offenbarung Gottes nieder, die durch Worte geschehene Offenbarung Gottes. Manchmal ist sie auf die Ordnung des Lebens bezogen, auf das Verhalten. Manchmal ist sie auf das Kennenlernen dessen, was Gott will und wer er ist, bezogen. Dementsprechend variieren die Begriffe. Aber es geht immer um die Tatsache, daß Gott zu seinen Menschen redet.

1988 ist ein Büchlein von Adolf Pohl mit dem Titel erschienen: „Staunen, daß Gott redet". Am Anfang dieses Büchleins erzählt er die Geschichte eines jüdischen Rabbi, der jedes Mal in Verzückung geriet, wenn er die Tora, die Bibel des Alten Testaments, aufschlug und rezitierte: „Und Gott sprach!" Dann sei dieser Rabbi völlig „aus dem Häuschen" gewesen; er habe vor Freude getanzt und getobt, und man hätte ihn in eine Kammer einsperren müssen, bis er endlich zur Ruhe kam und die Tora auslegen konnte. Der Grund für dieses Außersichsein des Rabbi war: Das ist ja unglaublich, daß der ewige, lebendige Gott mit seinen Menschen redet. Gott redet! Etwas von dieser Ergriffenheit schwingt in diesem Psalm mit.

Ich möchte Ihnen das an einigen Versen des 119. Psalms zeigen. Vers 72: „Das Gesetz deines Mundes ist mir lieber als vieltausend Stück Gold und Silber." Kommen Sie nach – ich meine, nicht im Denken, sondern im ehrlichen Nachsprechen? Viele tausend Stück Gold oder Silber, aber dein Wort ist mir lieber. Das ist ein Satz!

Oder in Vers 18: „Öffne mir die Augen, daß ich sehe" – wie Luther es übersetzt – „die Wunder an deinem Gesetz." Ich möchte lieber übersetzen: „... die Wunder, die von deiner Unterweisung ausgehen".

Das Wort Gottes setzt Dinge in Bewegung, von denen man nur sagen kann: Es ist einfach wunderbar, daß dies geschieht. Wir werden danach fragen, wo das denn geschehen ist und wo das im Leben von Menschen erkennbar wird. Der Beter dieses Psalms ist begeistert von allem, was das Wort Gottes auslöst.

Deswegen sagt er in Vers 97: „Wie habe ich dein Gesetz so lieb! Täglich sinne ich ihm nach." Ein Liebesverhältnis zum Wort Gottes. Oder deswegen sagt er in Vers 70: „Ich aber habe Freude an deinem Gesetz." Und das ist wie bei dem eingangs erwähnten Vers 162. Das gibt es an verschiedenen Stellen dieses Psalms: „Ich habe Freude an deinen Worten." Deswegen hält er sich daran, wie es im Vers 44 heißt: „Ich will dein Gesetz halten alle Zeit, immer und ewiglich." Oder im Vers 51: „Dennoch weiche ich nicht von deinem Gesetz."

Mir ist deutlich geworden: Dieser Beter hat keine starre, dogmatische Auffassung vom Alten Testament, von der Gottesoffenbarung; das ist kein streitbarer Krieger, der andere ausgrenzt und sich abgrenzt und der mit finsterer Miene für die Wahrheit des Wortes Gottes kämpft – das ist alles nicht da –, sondern er ist gepackt von der Kraft dieses Wortes. Er lädt ein und sagt: Leute, entdeckt das. Davon kann man leben. Damit kann man sterben. – Das ist ein Wort, das bis in Ewigkeit trägt: Freude und Beute. Gott redet. Welch ein Grund zur Freude! Er tut das in den vielen Weisungen, die er einzelnen Menschen gegeben hat und die in der Bibel aufgeschrieben worden sind. Da die Bibel Gottes Offenbarung ist, tut er es durch dieses schriftlich fixierte Wort Gottes: „Ich freue mich über dein Wort wie einer, der große Beute macht."

Nun möchte ich Sie einladen, den zweiten Schritt auf unserem Weg mitzugehen. Ich möchte fragen: Wie hat sich dieses Verhältnis zum Wort Gottes denn im Leben Jesu und im Umgang der Apostel mit ihrer Bibel, dem Alten Testament, niedergeschlagen? Das müßte ja wieder zu spüren sein, sozusagen in der Bibel selber müßte diese Entdeckung zu spüren sein: Freude und Beute.

Jesus war Jude, mit dem Alten Testament aufgewachsen, im Denken des Alten Testamentes verwurzelt. Schon als 12jähriger sitzt er mit den Schriftgelehrten zusammen und spricht über das Alte Testament (Lk 2,46). Seine erste Predigt in seiner Heimatstadt Nazareth hält er zu einem Abschnitt aus dem Propheten Jesaja (61,1-2), liest das vor und sagt: „Heute ist dieses Wort der Schrift erfüllt vor euren Ohren" (Lk 4,21). Seine große Predigt auf dem Berg bezieht sich immer wieder auf Aussagen des Alten Testamentes: „Ihr habt gehört, daß zu den Alten gesagt ist: Ich aber sage euch" (Mt 5,21.27.33.38.43).

In seiner ganzen Verkündigung schöpft Jesus aus dem reichen Schatz des Alten Testamentes. Er kündigt an: „Das Reich Gottes ist herbeigekommen" (Mk 1,15). Und jeder, der das Alte Testament gelesen hat, wußte, was das bedeutet: Gott ist Herr über diese ganze Welt, und das wird sichtbar für alle Menschen werden.

Er spricht von sich selbst als dem Menschensohn und setzt voraus, was seine Hörer bei Daniel (7,13ff.) lesen konnten: Über den vom Himmel kommenden Menschensohn am Ende der Tage, der alle Dinge vollendet. Ja, er leitet seinen eigenen Leidensweg aus dem Alten Testament ab. Wenn er sein Kreuz und seinen Tod ankündigt, sind die Anspielungen auf Jesaja 53 nicht zu übersehen (Mk 10,45). Und wenn er als der auferstandene Herr seinen Jüngern erklären will, was geschehen ist, dann zeigt er ihnen aus der Heiligen

Schrift, daß der Messias leiden, sterben und auferste-hen mußte (Lk 24,26f.). Er legt das Alte Testament von seiner Mitte her aus, von seinem Gottesbekenntnis und von der Ankündigung des Messias, den Gott sen-den wollte.

Auch er geht mit dem Alten Testament nicht skla-visch um. Er ist kein Schriftgelehrter; er predigt an-ders als die Schriftgelehrten (Mt 7,28f.). Er hört im Al-ten Testament die Stimme seines Vaters und bringt sie zu Gehör – unverwechselbar und klar.

Weil er so mit dem Alten Testament umgeht, darum kann er in der Bergpredigt sagen: „Ihr sollt nicht mei-nen, daß ich gekommen bin, das Gesetz oder die Pro-pheten aufzulösen; ich bin nicht gekommen aufzulö-sen, sondern zu erfüllen ... Bis Himmel und Erde ver-gehen, wird nicht vergehen der kleinste Buchstabe noch ein Tüpfelchen vom Gesetz, bis es alles ge-schieht" (Mt 5,17.18). Ein ganz selbstverständliches Grundvertrauen in das Alte Testament finden wir bei unserem Herrn Jesus Christus.

Ganz ähnlich ist es bei den Aposteln. Sie haben den Weg Jesu aufgrund des Alten Testamentes verstanden. Man kann das sehr schön entdecken, wenn man das Matthäus-Evangelium liest. Ich weiß nicht, ob Ihnen das schon einmal aufgefallen ist. Matthäus unterbricht immer wieder die Erzählung von Jesus und sagt: „Das ist geschehen, damit erfüllt werde, was gesagt ist" (Mt 1,22; 4,14 u.a.). Und dann zitiert er das Alte Testa-ment. Er findet die Spuren Jesu im Alten Testament wieder.

Genauso ist es bei Paulus. Seine Briefe enthalten viele Zitate aus dem Alten Testament. Sie merken, wenn Sie Ihre Bibel lesen, wieviele Verse aus dem Alten Testament stammen. Wenn Paulus das große Bekenntnis in 1. Korinther 15, 3 und 4 weitergibt –

dieses Ur-Bekenntnis –, daß nach den Schriften Christus für unsere Sünden gestorben und daß er am dritten Tage auferstanden ist von den Toten –, zeigt das die Art des Umgangs der Apostel mit dem Alten Testament. Sie haben darin die Spuren Jesu wiedergefunden.

Dementsprechend haben sie gesagt: Diese Schrift ist von Gott eingegeben, von Gottes Geist vermittelt, von Gott gehaucht, wie Paulus in 2. Timotheus 3, 16 formuliert. Diese Schrift ist nütze zur Lehre, zum Wachstum in der Gerechtigkeit. Oder wie Petrus formuliert hat: Es gibt keine Weissagung, die einfach nur aus dem Denken der Menschen entstanden wäre, sondern Menschen haben, getrieben vom Heiligen Geist, geredet (vgl. 2. Petrus 1,21).

Die Apostel lebten wie Jesus ganz selbstverständlich aus dem Alten Testament. Aber sie entwickelten kein Inspirations-Dogma, keine Lehre von der Schrift; sie begründeten auch so etwas nicht, sondern sie lebten aus der Schrift.

Ich fasse diese Beobachtungen zusammen. Die Haltung Jesu und der Apostel zum Alten Testament ist durch ein selbstverständliches Vertrauen gekennzeichnet. Sie sind der Überzeugung, daß Gott selber durch die Menschen des Alten Testamentes geredet hat. Sie halten es nicht für nötig, diese Lebenswirklichkeit durch eine Lehre von der Heiligen Schrift abzusichern. Darum finden wir in der Bibel selbst keine Inspirationslehre, keine Lehre von der Irrtumslosigkeit der Schrift, wohl aber ein selbstverständliches Vertrauen auf ihre Aussagen.

Nun lade ich Sie ein, den dritten Schritt auf unserem Weg mitzugehen. – „Ich freue mich über dein Wort wie einer, der große Beute macht." Wie hat sich das im

Leben von Menschen, im Laufe der Geschichte der Gemeinde Jesu niedergeschlagen?

Im Jahre 1977 hat der langjährige Pastor der Düsseldorfer Gemeinde, Walter Arnold, eine Predigtreihe über die Bibel gehalten; sie ist später in unserer Gemeindezeitschrift gedruckt worden.[1] Ein wesentlicher Teil dieser Predigtreihe war der Frage gewidmet: Welche Erfahrungen haben Menschen im Laufe der Geschichte der Kirche mit der Bibel gemacht? Eine Fülle von Einzelbeispielen begegnet uns in dieser Predigt. Ich greife nur einige wenige heraus.

Walter Arnold hat damals die Segensgeschichte der Herrnhuter Losungen erwähnt. Das ist wirklich wahr: Im Laufe der damals 247jährigen Geschichte – man muß noch einmal zwölf Jahre bis heute dazurechnen – hat dieses Losungsbuch so vielen Menschen Hilfe zum Leben und Überleben gegeben. Vielleicht zählen Sie selbst zu solchen Menschen, bei denen bestimmte Worte aus dem Losungsbuch genau in eine Lebenssituation paßten: und Sie haben Gott dafür gedankt, daß er Ihnen dieses Wort gegeben hat. Mir ist das häufig so ergangen.

Walter Arnold hat – und das hat mich sehr bewegt – den Pädagogen Heinrich Pestalozzi erwähnt, der mit seiner Frau einen schweren Lebensweg hatte. Als sie dann verstorben war, hat er am Sarg seiner Frau folgendes gesagt: „Wir waren von allen geflohen und verspottet. Krankheit und Armut beugte uns nieder, und wir aßen unser trocken Brot mit Tränen. Was gab dir und mir in jenen schweren Tagen Kraft, auszudauern und unser Vertrauen nicht wegzuwerfen?" Dann legte Pestalozzi die Bibel der Toten auf die Brust und sagte: „Aus dieser Quelle schöpften du und ich Mut, Stärke und Frieden."

Ich möchte ein weiteres Beispiel aus einem völlig anderen Kulturkreis erwähnen, das ebenfalls in dieser Predigt vorkam. Der japanische Evangelist und Sozialreformer Toyohika Kagawa wurde nach dem Geheimnis seiner Kraft gefragt. Er hat mit dem Hinweis auf die Bibel geantwortet: „Meine Kraft, meine ganze Kraft!"

Ergänzend möchte ich noch die Lebensgeschichte von Dr. Metallinos aus Griechenland hinzufügen, von Beruf Mathematiker, aufgrund seiner Weltanschauung Atheist. Mit dieser Grundhaltung ist er in eine Bibliothek in Athen gegangen und hat sich ein Neues Testament ausgeliehen, um die Bibel zu lesen, damit er den christlichen Glauben besser bestreiten, ihm widersprechen könnte. Er hat angefangen zu lesen, und was er las, hat ihn so fasziniert, daß er zum Glauben an Jesus Christus kam und der Leiter der griechischen Freien Evangelischen Gemeinden wurde. – Bewegende Lebensgeschichten.

Walter Arnold hat als Schlußbemerkung damals gesagt: Auf die Frage „Können wir der Bibel glauben?" antwortet eine Wolke von Zeugen aus vielen Jahrhunderten bis in unsere Gegenwart: Mit der Bibel können wir recht leben; mit der Bibel können wir getrost sterben.

Nun bin ich an dem Punkt, an dem ich von mir reden möchte. Es ist ja ein persönliches Bekenntnis: „Ich freue mich über dein Wort wie einer, der eine große Beute macht." Welche Erfahrungen habe ich selbst mit der Bibel gemacht? Sie war die Grundlage der Erziehung in meiner Familie, in der Sonntagsschule, Jungschar und Jugend, im Gottesdienst der Gemeinde. Durch den Umgang mit der Bibel sind die Grundmuster meines Lebens geprägt worden. Durch Bibelarbeit habe ich zum persönlichen Glauben an Jesus

Christus gefunden; nicht Bibelarbeit in dem Sinne, daß ich mir die Bibel erarbeitet hätte, sondern andere haben mir die Bibel ausgelegt. Und dann ist das Entscheidende passiert: Dieses ausgelegte Wort hat mich vor den lebendigen Christus gestellt und mir die Frage gestellt: Wie ist das mit dir persönlich und mit dem Glauben?

Durch persönliches Bibellesen habe ich gelernt, den Willen Gottes für mein Leben zu verstehen und zu tun. Er hatte oft Anlaß, mich in meinen Entscheidungen zu korrigieren, mir Versagen und Fehler bewußt zu machen. Das waren gute Stunden in meinem Leben. Durch ein Wort der Bibel hat Gott mich zum Verkündigungsdienst berufen. Ich wollte kein Prediger des Evangeliums werden; ich fürchtete mich vor der öffentlichen Rede und vor dem Umgang mit den Alt-Sprachen. Ich habe gesagt: Das ist nie und nimmer etwas für mich. Gott hat ein Wort der Bibel in der täglichen Bibellese benutzt und mir alle meine Gegenargumente aus der Hand geschlagen.

Durch die Auslegungsarbeit an der Bibel begegne ich heute immer wieder neu dem lebendigen Gott. Das ist für mich ein Geheimnis. Ich schlage einen Abschnitt auf, der vielleicht als Sonntagsperikope an der Reihe ist – und er schaut mich völlig fremd an. Ich weiß nicht: Was soll ich selber darüber denken, und was soll ich anderen darüber sagen – es bleibt mir fremd. Ich beginne im Grundtext zu lesen, nehme einen Kommentar dazu – und auf einmal geschieht etwas. Das Bibelwort lebt, und es packt mich. Ich stehe vor dem lebendigen Gott und weiß, was ich zu sagen habe. Freude und Beute – das ist wahr. So ist die Bibel.

Und weil sie so ist, darum bekenne ich mit großer Freude und mit Dankbarkeit: Diese Bibel mit ihren 39

Büchern im Alten Testament und 27 Büchern im Neuen Testament ist in allen ihren Teilen Gottes Wort, wiedergegeben in menschlichen Worten. Sie ist kein Mischgebilde: da ein Stück Gotteswort und dort ein Stück Menschenwort – und wir hätten das zu sezieren. Wer sind wir denn, daß wir das könnten? Auch packt uns nicht nur je und dann etwas als Gotteswort; nein, das Gotteswort ist uns vorgegeben. Davon bin ich zutiefst überzeugt.

Diese Bibel ist in allen ihren Teilen vom Heiligen Geist bewirkt. Ich habe kein Inspirationsdogma, weil die Bibel keines hat. Ich weiß nicht, wie die Inspiration vor sich gegangen ist, aber ich weiß, daß die Schreiber dieser Heiligen Schriften ganz nahe am Geschehen waren, als Gott sich offenbarte – sachlich und zeitlich.

Ich weiß, daß der Heilige Geist Menschen leiten kann, genau das zu formulieren, was formuliert werden soll. Davon bin ich überzeugt. Dennoch sind alle diese Schreiber Menschen von Fleisch und Blut mit ihrer Eigenart und ihrer Prägung sowie ihrer Geschichte gewesen. All das hat Gott benutzt. Deswegen bekenne ich dankbar: Die Bibel ist in allen ihren Teilen Gottes Wort.

In der Verfassung unseres Bundes heißt das so: „Verbindliche Grundlage für Glauben, Lehre und Leben in Gemeinde und Bund ist die Bibel, das Wort Gottes."[2] In der Lausanner Verpflichtung von 1974 heißt das so: „Es ist ohne Irrtum in allem, was es verkündigt, und ist der einzige unfehlbare Maßstab des Glaubens und Lebens."[3] Sie ist von ihrer Mitte, von Jesus Christus, her auszulegen.

Nun könnte ich mir denken, daß mancher, der mir bis hierhin gefolgt ist, sagt: Schön und gut, solch ein Bekenntnis; aber ich habe noch ein paar Fragen. – Das

20

weiß ich. Es ist ja auch der erste Vortrag in einer Reihe. In einem zweiten Vortrag sprechen wir darüber, warum Menschen mit der Bibel Schwierigkeiten haben. Ich möchte diese Fragen ernst nehmen. Der dritte Vortrag handelt davon, wie die Bibel auszulegen ist. Dabei fallen ja gewöhnlich die Entscheidungen. Und im vierten Vortrag sprechen wir darüber, wie wir denn im Alltag mit der Bibel leben können. Darauf läuft es ja letztlich hinaus.

Ich schließe mit einem Zitat von Inspektor Heinrich Rappard (1837-1909). Er war Leiter des Chrischona-Werkes und der Missions- und Bibelschule in St. Chrischona bei Basel. Er hat in der christlichen Zeitschrift „Glaubensbote" 1895 folgendes geschrieben – man muß den Schweizer Hintergrund beachten:

„Um die Bibel ist es uns bei dieser ganzen Sache (nämlich der Frage von Schwierigkeiten mit der Bibel und mit der Bibelkritik) nicht bange; ebensowenig wie uns bange wäre um einen unserer schweizerischen Alpenriesen, wenn große und kleine Leute ihn umgeben und daran rütteln würden, um einige Felsformationen, die ihnen nicht gefallen, davon abzuhauen. Wir können dem allen mit großer Gelassenheit begegnen. Die Bibel müssen wir nicht verteidigen. Sie verteidigt sich selber. Das hat sie über Jahrtausende getan – gegen allen Widerspruch und alle Widerstände."

Wer sind wir denn, daß wir diese Beute, diese große Freude zunichte machen können? Wir können uns selbst betrügen und uns um einen Schatz bringen. Das ist aber unser eigener Schaden. Ich halte es deswegen mit Heinrich Rappard. Es ist mit der Bibel wie mit den Schweizer Alpenriesen. An denen kann man mal kratzen, aber die stürzt niemand um.

„Ich freue mich über dein Wort wie einer, der große Beute macht."

2. Die Bibel –
Gottes Wort im Menschenwort

oder: Warum Menschen mit der Bibel
Schwierigkeiten haben

Viele Menschen haben in der Bibel die Grundlage für
ihren Glauben und ihr Leben gefunden. Das haben wir
schon erwähnt. Ich habe von mir selber gesprochen.
Das, was ich von mir erzählt habe, ist sicherlich auch
die Erfahrung anderer. Bei vielen Menschen sind die
Grundlagen für den Umgang mit der Bibel von früher
Kindheit an gelegt, und das hat ihr Leben bestimmt.
Die Grundmuster ihres Lebens kamen aus dieser Erziehung.

Ich habe schon erwähnt, daß es aber auch völlig andere Lebensgeschichten gibt; Lebensgeschichten von
Menschen, die mit dem christlichen Glauben überhaupt nichts im Sinn hatten – weder ihre Eltern noch
sie selbst –, die vielmehr zu erklärten Atheisten erzo-
gen waren. Ich habe als Beispiel für diese Menschen
Dr. Metallinos erwähnt, den späteren Leiter der Freien
Evangelischen Gemeinden in Griechenland, der deswegen mit der Lektüre der Bibel begonnen hatte, um
Argumente gegen den christlichen Glauben zu finden,
und der durch das Lesen der Bibel vom christlichen
Glauben überzeugt wurde. Es muß eine eigenartige
Kraft in der Bibel liegen, daß so etwas geschieht.

Es gibt ein bewegendes Zeugnis von Heinrich
Heine, der von einem bissigen Spötter zu einem Menschen geworden ist, der mit Respekt und Ehrfurcht
der Bibel als der Heiligen Schrift begegnete, weil er in
der Bibel zu Gott zurückgefunden hat. Heine schreibt

in der Vorrede zur 2. Auflage seiner Abhandlung „Zur Geschichte der Religion und Philosophie in Deutschland":

„Ehrlich gestanden, es wäre mir lieb, wenn ich das Buch ganz ungedruckt lassen könnte ... Ich war damals nämlich (bei Erscheinen der 1. Auflage, Anm. des Verfassers) noch gesund und feist. Ich stand im Zenith meines Fettes und war so übermütig wie der König Nebukadnezar vor seinem Sturz. Ach, einige Jahre später ist eine leibliche und geistige Veränderung eingetreten. Wie oft seitdem denke ich an die Geschichte dieses babylonischen Königs, der sich selbst für den lieben Gott hielt, aber von der Höhe seines Dünkels erbärmlich herabstürzte, wie ein Tier am Boden kroch und Gras aß (es wird wohl Salat gewesen sein). In dem prachtvoll grandiosen Buch Daniel steht diese Legende, die ich nicht bloß dem guten Ruge, sondern auch meinem noch viel verstocktern Freund Marx, ja auch den Herren Feuerbach, Daumer, Bruno Bauer, Hengstenberg, und wie sie sonst heißen mögen, diese gottlosen Selbstgötter, zur erbaulichen Beherzigung empfehle ...

Ich habe mich bereits in meinem jüngsten Buch, im Romanzero, über die Umwandlung ausgesprochen, welche in Bezug auf göttliche Dinge in meinem Geiste stattgefunden. Es sind seitdem mit christlicher Zudringlichkeit sehr viele Anfragen an mich ergangen, auf welchem Wege die bessere Erleuchtung über mich gekommen. Fromme Seelen scheinen danach zu lechzen, daß ich ihnen irgendein Mirakel aufbinde, und sie möchten gerne wissen, ob ich nicht wie Saulus ein Licht erblickte auf dem Wege nach Damaskus oder ob ich nicht wie Balaam, der Sohn Beors, einen stätigen Esel geritten, der plötzlich den Mund auftat und zu sprechen begann wie ein Mensch. Nein, ihr gläubigen

24

Gemüter, ich reise niemals nach Damaskus ... Auch sah ich nie einen Esel, nämlich einen vierfüßigen, der wie ein Mensch gesprochen hätte, während ich Menschen genug traf, die jedesmal, wenn sie den Mund auftaten, wie Esel sprachen ... Ich verdanke meine Erleuchtung ganz einfach der Lektüre eines Buches – eines Buches? Ja, es ist ein altes schlichtes Buch, bescheiden wie die Natur, auch natürlich wie diese; ein Buch, das werkeltägig und anspruchslos aussieht wie die Sonne, die uns wärmt, wie das Brot, das uns nährt; ein Buch, das so traulich, so segnend gütig uns anblickt wie eine alte Großmutter, die auch täglich in dem Buch liest mit den lieben, bebenden Lippen und mit der Brille auf der Nase – und dieses Buch heißt auch ganz kurzweg das Buch, die Bibel. Mit Fug nennt man diese auch die Heilige Schrift; wer seinen Gott verloren hat, der kann ihn in diesem Buch wiederfinden, und wer ihn nie gekannt, dem weht hier entgegen der Odem des göttlichen Wortes."[4]

Viele haben ähnliche Erfahrungen gemacht, die Bibel als Grundlage für ihren Glauben und für ihr Leben entdeckt.

Es wäre aber nur die halbe Wahrheit, und es wäre unehrlich, die andere Seite zu verschweigen. Von dieser anderen Seite soll jetzt die Rede sein. Es gibt viele Menschen, die mit der Bibel Schwierigkeiten haben.

In meinem Vortrag möchte ich einige dieser Schwierigkeiten herausstellen. Ich tue das, indem ich jeweils ein Stichwort nenne und es mit einem Leitsatz, mit einer Erfahrung, mit einer Tatsache verbinde, die mit der Bibel zusammenhängt. Ich möchte versuchen, durch die inhaltliche Darstellung dessen, was mit dem Leitsatz zusammenhängt, Hilfen zur Lösung der Schwierigkeiten zu zeigen.

Dabei gehe ich von dem Grundsatz aus, daß die Bibel in allen ihren Teilen Gottes Wort im Menschenwort ist – oder: Gottes Wort, wiedergegeben in Worten von Menschen.

Ich möchte, bevor ich zu den Schwierigkeiten komme, erläutern, was dieser Grundsatz meint – oder besser noch: vorab, was er nicht meint. Der Grundsatz, Gottes Wort im Wort von Menschen oder wiedergegeben in menschlichen Worten, meint nicht, daß die Bibel ein „Gemisch" ist, ein *corpus mixtum* von Gottes Worten und menschlichen Worten. Es gibt Theologen, die dieser Auffassung sind. Sie verknüpfen ihre Auffassung gewöhnlich mit dem Satz: Die Bibel *ist* nicht Gottes Wort, sondern sie *enthält* Gottes Worte. Es wird gewöhnlich an solche Passagen gedacht, in denen es heißt: „Gott sprach" oder: „Gott sprach, schreibe." Und dann schreibt jemand. Das wären eindeutig erkennbare Gottesworte. Dann wird darauf hingewiesen, daß es darüber hinaus noch viele historische Berichterstattungen und sonstige Dinge gibt, die eben das Menschenwort wären. Die Aufgabe des Auslegers würde darin bestehen, richtig zu unterscheiden zwischen dem Gotteswort und den menschlichen Worten. Die menschlichen Worte könnte man beiseite lassen, und das Gotteswort hätte zeitübergreifende Geltung.

Ich sage: Das ist falsch – jedenfalls nach meiner Auffassung –, weil bei dieser Sicht der Dinge die entscheidende Instanz, die darüber befindet, was Gotteswort und was Menschenwort_ist, unsere menschliche Vernunft ist. Das ist eine absolute Überschätzung der menschlichen Vernunft. Das können wir nicht leisten. Wer sind wir, daß wir darüber befinden könnten, was Gott gesagt haben kann und was er nicht gesagt hat?

Deswegen halte ich diese Deutung von Gottes Wort, wiedergegeben in menschlichen Worten, als ein

Gemisch von Gotteswort und Menschenwort, das voneinander zu trennen wäre, für eine falsche Sicht der Dinge.

Ich meine aber auch nicht das andere, was man gelegentlich hören kann. Es ist ja eine Tatsache, daß die Bibel uns hier und da besonders stark anspricht – sei es ein bestimmter Bibelvers, sei es eine Predigt, die einen Bibelabschnitt auslegt –, daß wir nicht mehr eine menschliche Stimme hören, sondern zu der festen Überzeugung kommen: Jetzt hat der lebendige Gott mit mir gesprochen.

Diese Erfahrung versuchen manche auf die Formel zu bringen: Die Bibel ist ein durchaus menschliches Buch. Aber je und dann, wenn Gott es will und wenn die Umstände es erlauben, wird dieses menschliche Wort zum Gotteswort – für den einen so, für den anderen so; für den einen an dieser Stelle, für den anderen an einer anderen Stelle. Hier wird nicht die menschliche Vernunft zum Maßstab genommen für das, was Gottes Wort ist, sondern die religiöse Erfahrung. Das, was mich je und dann angesprochen hat, ist Gottes Wort. Das andere ist menschliches Wort wie andere menschliche Worte auch.

Dies halte ich ebenfalls für eine Überschätzung unserer menschlichen Erfahrungswerte, unserer religiösen Erfahrung, und darum für einen unangemessenen Umgang mit diesem Satz. Nein, wenn ich davon spreche, die Bibel ist in allen ihren Teilen Gottes Wort, wiedergegeben in menschlichen Worten, meine ich: Sie bildet eine untrennbare Einheit von Gotteswort und Menschenwort, so wie es diese untrennbare Einheit in Jesus Christus gab. Von ihm sagt das Johannes-Evangelium (1,14): „Das Wort wurde Fleisch". Gemeint ist: Das Wort Gottes fand sichtbare Gestalt im menschlichen Leben Jesu Christi. Das ist nun untrennbar in seiner Person: wahrer Gott und wahrer Mensch; Gottes Sohn und Prophet aus Nazareth. Untrennbar, so sagen die altkirchlichen Bekenntnisse, das Wunder der Menschwerdung Gottes.

Das, was für unseren Herrn Jesus Christus gilt, sehe ich genauso in der Bibel, wenn ich sage, sie ist Gottes Wort, wiedergegeben in menschlichen Worten. Ich kann das Wort Gottes nicht anders und nirgendwo sonst haben als in der Gestalt menschlicher Worte. Das ist schwierig, manchmal auch ärgerlich. Von diesen Schwierigkeiten wollen wir jetzt reden.

Ich nenne mein erstes Stichwort und meinen ersten Leitsatz. – Mein erstes Stichwort heißt „Übersetzung" und der dazugehörige Leitsatz: „Die Bibel ist in Sprachen geschrieben, die uns fremd sind und die darum übersetzt werden müssen." Das ist eine schlichte Selbstverständlichkeit. Aber diese schlichte Selbstverständlichkeit hat Konsequenzen, und von denen ist zu reden.

Wir haben die Bibel des Alten Testamentes in drei uns fremden Sprachen: in der hebräischen Sprache, einige wenige, kurze Teile in der aramäischen Sprache und das gesamte Alte Testament noch einmal in griechischer Sprache.

Das Neue Testament liegt uns in griechischer Sprache vor. Das ist ein Phänomen, denn Jesus war Jude. Er hat seine Bibel in Hebräisch gelesen. Er hat mit den Menschen in Palästina aramäisch gesprochen, aber seine Worte haben wir in griechischer Sprache – nicht anders. Man kann zurückübersetzen – dazu gibt es Versuche –, um den aramäischen Klang wieder zu hören. Aber die Worte Jesu haben wir nur in einer Fremdsprache.

Warum das so ist? Dazu gibt es viele Theorien. Meine Deutung ist die: Die Urgemeinde von Jerusalem ist von Anfang an eine zweisprachige Gemeinde gewesen. In ihr wurde aramäisch gesprochen, und – wie man in Apostelgeschichte 6 lesen kann – in ihr wurde auch griechisch gesprochen. Das war ziemlich spannungsvoll, weil mit den Sprachen auch andere kulturelle Gegebenheiten zusammenhingen. Aber das ist jetzt nicht unser Thema.

Jedenfalls war es notwendig, von Anfang an – weil viele Juden aus dem Römischen Reich sich in Jerusalem angesiedelt hatten und besser griechisch als aramäisch sprachen – die Lehre der Apostel ins Griechische zu übersetzen. Darum gibt es nach meiner Auffassung schon sehr früh Aufzeichnungen von Worten Jesu in griechischer Sprache, die ihren Niederschlag in den Evangelien gefunden haben.

Also: Wir haben die Bibel in diesen für uns fremden Sprachen – Hebräisch, Aramäisch, Griechisch –, und wir sind in der Regel auf Übersetzungen angewiesen. Lange Zeit war das in Deutschland nach der Reformation überhaupt kein großes Problem, weil es eine für Deutschland maßgebende Übersetzung gab: die Luther-Bibel. Aber inzwischen ist das sehr viel vielschichtiger und komplizierter geworden. Selbst wenn ich Luther-Bibel sage, ist nicht klar, wovon ich rede. Manche von Ihnen werden noch die Luther-Bibel vom Jahre 1912 haben, die zum Beispiel die Grundlage der Scoffield Bible ist.

Dieser Text ist revidiert worden: 1956 erschien das Neue Testament, 1964 das Alte Testament in neuer Fassung. 1975 hatte man den Eindruck: Die Sprache von 1956 ist nicht mehr zeitgemäß, man muß sich den Menschen unserer Zeit verständlicher machen. So entstand die Fassung der Luther-Bibel von 1975; eine sehr zeitnahe Übersetzung in einem gut verständlichen Deutsch. Aber diese Luther-Übersetzung von

1975 hat einen unglücklichen Ausgang gehabt, weil die Germanisten (diejenigen, die sich mit deutscher Sprache befassen) sagten: Das ist ein großes Unglück; denn mit der Übersetzung von 1975 ist alles aufgegeben, was für Luthers Übersetzung charakteristisch war. Deswegen ist die '75er Übersetzung in der Evangelischen Kirche in Deutschland nie akzeptiert worden, und es wurde eine Überarbeitung in Auftrag gegeben. Heute haben wir die 1984er Fassung der Luther-Bibel.

Wenn Sie die verschiedenen Luther-Bibeln miteinander vergleichen, werden Sie auf erhebliche Unterschiede stoßen. Damit liegt das gesamte Problem „Übersetzung" auf dem Tisch. Sie kennen wahrscheinlich die Einheitsübersetzung, die als römisch-katholische und protestantische Übersetzung entstanden ist und die sich durch eine große Genauigkeit sowie durch eine sorgfältige Wahl der Sprache auszeichnet. Wenn Sie diese Einheitsübersetzung neben Luther '84 legen, wird noch einmal eine ganze Reihe von Problemen offenbar. Wer es ernst nimmt mit der Bibel, der kann in erhebliche Schwierigkeiten geraten. Wenn Sie darüber hinaus eine flüssige, kommunikative Übersetzung, „Die gute Nachricht", zu Hilfe nehmen, werden Sie sich an dem Sprachstil freuen. Das ist „unser Deutsch", das wir sprechen. Wenn Sie eine Luther-Bibel daneben legen, stellen Sie fest: Das stimmt nicht überein.

Jede Übersetzung ist schon Auslegung. Jeder Übersetzer läßt seine theologischen Auffassungen einfließen. Das könnte man an vielen Beispielen verdeutlichen, ich will es nur an zwei Bibelversen zeigen. Ein Kernvers der Reformation steht im Römerbrief (3,28). In der Fassung der alten Luther-Bibel lautet er: „So rechnen wir nun damit, daß der Mensch gerecht werde, ohne des Gesetzes Werke, allein durch den Glauben." So steht es bis heute in der Luther-Bibel.

Nur: Im griechischen Grundtext steht nirgendwo das Wörtchen „allein". Im griechischen Grundtext heißt es: „So rechnen wir nun damit, daß der Mensch gerecht werde, ohne des Gesetzes Werke, durch den Glauben." Ist Luther ein Fehler unterlaufen? Er selber schreibt im „Sendbrief vom Dolmetschen": „So habe ich hier (Römer 3,28) sehr wohl gewußt, daß im lateinischen und griechischen Text das Wort ‚allein' nicht dasteht; es hätten mich das die Papisten nicht zu lehren brauchen. Wahr ist's: diese vier Buchstaben sola stehen nicht drin, Buchstaben, die die Eselsköpfe ansehen wie die Kuh ein neues Tor. Sie sehen aber nicht, daß trotzdem die Meinung des Textes dahin geht ... Aber nun bin ich nicht nur im Vertrauen auf die Eigenart der Sprachen so verfahren, als ich Römer 3,28 ‚allein' hinzugesetzt habe; sondern der Text und die Meinung des Paulus selbst fordern's und erzwingen's mit Gewalt. Denn er behandelt ja dort das Hauptstück der christlichen Lehre, nämlich daß wir durch den Glauben an Christus ohne alle Werke des Gesetzes gerecht werden."[5] Luther hat die Botschaft des Apostels Paulus genau getroffen und sich die Freiheit genommen, dieses Wörtchen „allein" einzuschieben, um diese Botschaft „herüberzubringen". Aber: Er hat interpretiert.

Es gibt noch eine andere sehr bekannte Stelle, an der deutlich wird, daß jede Übersetzung Auslegung ist. 2. Korintherbrief 5,17; ein Vers, mit dem mancher seine Probleme gehabt hat: „Ist jemand in Christus, so ist er eine neue Kreatur. Das Alte ist vergangen. Siehe, es ist alles neu geworden." Im griechischen Grundtext steht das Wörtchen „alles" nicht – nirgendwo. Luther war so überwältigt von der verändernden Kraft des Evangeliums, daß er das hinzugefügt hat. Inzwischen ist die

Luther-Übersetzung daraufhin korrigiert. In der '84er Übersetzung steht – und das ist ehrlicher und klarer –: „Ist jemand in Christus, so ist er eine neue Schöpfung. Das Alte ist vergangen. Siehe, Neues ist geworden." Das steht da.

Die Tatsache, daß wir die Bibel nur in Übersetzungen haben oder daß sie in Sprachen geschrieben ist, die uns fremd sind, hat konkrete Auswirkungen, die Schwierigkeiten bereiten; Schwierigkeiten beim Vergleich von Übersetzungen. Bibelleser stoßen zwangsläufig auf die Differenz. Darum einige Hilfen, wie man damit umgehen kann.

Wer die Sprachen Griechisch, Hebräisch, Aramäisch nicht lesen kann, der vergleiche beim Bibellesen, wenn er denn wissen will, was wirklich darin steht, entweder mit der Einheitsübersetzung oder mit der revidierten Elberfelder Übersetzung, in manchen Partien auch mit der Menge-Übersetzung. Damit hat man verläßlichen Grund. Das sind möglichst wörtliche Übersetzungen. Man kann schon erkennen, wo wahrscheinlich ein anderer Übersetzer seine theologischen Akzente gesetzt hat. Im Zweifel geht natürlich nichts darüber, jemanden zu fragen, der diese Sprachen gelernt hat, was im ursprünglichen Wortlaut an der Stelle steht.

Darum betonen wir im Theologischen Seminar so die Sprachen und halten es für unverzichtbar, daß jemand, der Prediger des Evangeliums ist, diese Sprachen gelernt hat. Das hat mit wissenschaftlichem Dünkel nichts zu tun, sondern mit der Ehrfurcht vor dem Wort Gottes, das uns nun einmal in Hebräisch, Aramäisch und Griechisch gegeben worden ist. Gottes Wort geht ein in menschliche Sprachen.

Mein zweites Stichwort lautet: „Handschriften". Mein zweiter Leitsatz: „Die Originaldokumente besitzen wir nicht." Statt dessen gibt es eine große Zahl von Abschriften. Wenn jemand sagt, er zitiere aus dem Urtext, können Sie völlig sicher sein, daß er diesen nicht besitzt. Ihn hat niemand zur Verfügung – leider. Wir haben zum Alten Testament einige alte Handschriften mit dem griechischen Wortlaut des Alten Testamentes. Diese kompletten Bibelhandschriften stammen aus dem dritten und vierten Jahrhundert nach Christus. Den hebräischen Wortlaut haben wir in seiner ältesten Fassung komplett in Handschriften aus dem Jahr 1000 nach Christus.

Es gibt allerdings Schriftrollen, die in den Höhlen von Qumran gefunden worden sind: Jesaja-Schriftrollen und andere. Diese Schriftrollen stammen aus dem Jahr 100 vor Christus. Wenn man diese alten Schriftrollen mit der Handschrift aus dem Jahr um 1000 nach Christus vergleicht, stellt man kaum Differenzen fest. Es ist also in der jüdischen Tradition sehr sorgfältig überliefert worden. Insofern bedeutet es nicht allzu viel, daß wir den hebräischen Text nur in einer Handschrift aus dem Jahr um 1000 nach Christus haben.

Viel schwieriger und verworrener ist die Lage im Neuen Testament. Zum Neuen Testament gibt es einige tausend Handschriften – zum Teil komplett, zum Teil Bruchstücke, zum Teil kleine Fetzen Papyrus.

Wie ist das zustande gekommen? – In der Antike, in den ersten Jahrhunderten nach dem Wirken Jesu und der Apostel, sind die Schriften, die zum Neuen Testament gehören, schlicht abgeschrieben worden – handschriftlich, nach Vorlage. Und diese Abschriften müssen schon eine ziemliche Verbreitung erreicht haben; denn Kaiser Diokletian hat im Zuge der Christenverfolgung um das Jahr 300 herum den Befehl gegeben, den Christen diese Abschriften wegzunehmen und sie zu verbrennen.

Als die Verfolgung unter Diokletian zu Ende war, gab es einen großen Hunger nach biblischen Schriften. Und um diesen Hunger zu stillen, haben die Bischöfe der Alten Kirche Schreibstuben eingerichtet: Skriptorien. In diesen Schreibstuben saßen zwanzig, dreißig Schreiber, und einer hat vorgelesen. Man hat also nach Diktat geschrieben. Das erklärt manche Abschreibfehler, die wir heute entdecken können.

Bei diesem Abschreiben biblischer Handschriften hat sich im Laufe der Zeit eine Form des Neuen Testamentes herausgebildet, die im Römischen Reich anerkannt war. Man nannte das den anerkannten Text. Dieser anerkannte Text, der *textus receptus,* war die Grundlage für die griechische Ausgabe des Neuen Testamentes, die Erasmus besorgt hat. Nach dieser Fassung des Neuen Testamentes hat Luther übersetzt.

In den letzten zwei Jahrhunderten sind erstaunliche Funde gemacht worden: viele Handschriften. In unserem Jahrhundert sind viele Papyrus-Bruchstücke gefunden worden: kleine Fetzen, größere Teile, ganze Bücher; eine unwahrscheinliche Fülle von Material. Das kann ein einzelner Forscher überhaupt nicht mehr bewältigen.

Darum können wir dankbar sein, daß es in Münster/Westfalen ein Institut zur Erforschung des Neuen Testamentes gibt: das Institut für Textkritik, geleitet von Kurt und Barbara Aland. Ein Ertrag dieses Institutes – zusammen mit vielen Gelehrten in aller Welt – ist, daß es heute einen verbindlichen Text des Neuen Testamentes in griechischer Sprache gibt, der weltweit anerkannt und Grundlage für alle Übersetzungen ist.

Die Tatsache, daß wir viele Handschriften haben, hat praktische Auswirkungen. Wenn Sie Ihre Bibel lesen, stoßen Sie darauf. Wenn Sie etwa in Apostelgeschichte 8 den Vers 37 suchen, stellen Sie in den neueren Übersetzungen fest: Er ist entweder nicht da oder nur klein gedruckt; und es steht dabei: In den alten Handschriften steht dieser Vers nicht. Ein wichtiger Vers! Es geht um die Taufe des Finanzministers aus Äthiopien. Er fragt: „Da ist Wasser; was hindert es, daß ich mich taufen lasse?" – Und dann wird nach seinem Glauben gefragt. Er bekennt seinen Glauben. Diese Frage nach seinem Glauben und das Bekenntnis des Glaubens stehen in diesem fraglichen Vers 37, aber sie stehen nicht in den ältesten Handschriften. Wahrscheinlich handelt es sich um eine spätere Ergänzung, die zutreffend die altkirchliche Praxis aufgriff, vor der Taufe nach dem persönlichen Glauben zu fragen. Sie belegt, daß die neutestamentliche Praxis der Glaubenstaufe auch noch im 2. oder 3. Jahrhundert so selbstverständlich war, daß sie in den ursprünglich knapperen Text aus Apostelgeschichte 8 eingetragen wurde, um nur ja keine Mißverständnisse aufkommen zu lassen. Spätere Abschreiber haben diese Ergänzung dann wohl als zum ursprünglichen Text gehörig angesehen und deshalb vervielfältigt.

Gottes Wort im Wort von Menschen – das bedeutet: Gottes Wort geht ein in die Überlieferungsgeschichte, in Handschriften, die abgeschrieben, die vervielfältigt werden und die nicht immer übereinstimmen. Das erlaubt sich Gott. Er hat nicht ein Buch vom Himmel fallen lassen, wie das vom Koran z.B. behauptet wird, er hat vielmehr dieses Buch in einem geschichtlichen Prozeß gegeben.

Mein drittes Stichwort: „Entstehungsgeschichte". Mein dritter Leitsatz: „Die biblischen Schriften sind in einem Zeitraum von mehr als tausend Jahren entstanden." Man muß nur einmal innehalten und sich vorstellen, wohin wir kommen, wenn wir tausend Jahre zurückrechnen, und was sich in diesen tausend Jahren alles geändert hat. Das ist kaum nachvollziehbar.

In diesem Zeitraum also ist die Bibel entstanden. Die ältesten Schriften des Alten Testamentes, sicher zu datieren, sind Teile aus den fünf Büchern Mose. Sie gehen mindestens auf das Jahr 900 bis 1000 vor Christus zurück. Mindestens! Aber es ist klar, daß in den Teilen auch noch Überlieferungsgut steckt, das viel älter ist. Also: Wir kommen mindestens auf das Jahr 1000 vor Christus. Die Entstehungsgeschichte des Neuen Testamentes bewegt sich mindestens zwischen dem Jahr 50 und dem Jahr 100 nach Christus; also mehr als tausend Jahre Entstehungsgeschichte der ganzen Bibel.

Wieviele unterschiedliche Lebensbedingungen, als die Schriften der Bibel entstanden! Nomadenvolk, Bauern, Städter; Menschen unter ägyptischer Oberherrschaft, assyrischer Tyrannei, babylonischer Herrschaft, liberaler persischer Oberhoheit, Römisches Reich, Friedensreich. Welch ein Wechsel von kulturellen Gegebenheiten: babylonische Kultur oder der Hellenismus des Römischen Reiches zur Zeit des Neuen Testamentes. Welche unterschiedlichen Weltbilder! Die Erde als Scheibe, die auf dem Wasser schwimmt. „Du hast den Erdkreis auf den Meeren gegründet." Psalm 24. Und dann wieder ganz andere Weltbilder von den Gestirnen, die um die Erde kreisen. Die Sonne geht auf und geht unter.

Die Offenbarung Gottes geschieht in der Geschichte – für Menschen in der Geschichte. Gott will, daß die Menschen ihn verstehen. Darum spricht er die Sprache der jeweiligen Zeit. Wer die Bibel als ein Buch haben möchte, das nur die Sprache unserer Zeit spricht, der kommt zwangsläufig in Schwierigkeiten. Er muß die Entstehungsgeschichte berücksichtigen, die über so viele Jahrhunderte geht. Denn Gott will nicht nur uns sich verständlich machen, sondern er wollte sich auch den Menschen um das Jahr 500 vor Christus verständlich machen. Er mußte anders mit ihnen reden. Wie er mit ihnen geredet hat, das haben wir in diesem Buch vor uns.

Gottes Wort geht ein in die Geschichte. Das hängt mit dem Grundsatz zusammen: Gottes Wort, wiedergegeben in menschlichen Worten.

Ein viertes Stichwort „Kanon". Und mein vierter Leitsatz: „Der Umfang der biblischen Schriften ist von Menschen festgelegt worden." Ich meine mit „Umfang der biblischen Schriften": Was gehört dazu, was gehört nicht dazu? Der Umfang der biblischen Schriften ist von Menschen festgelegt worden. Sie stoßen sofort darauf, wenn Sie in ein Gespräch mit Menschen eintreten, die aus der römisch-katholischen Kirche kommen. Die römisch-katholische Kirche hat eine andere Bibel als die evangelischen Kirchen, vom Umfang her gesehen. Salopp gesagt: Die römisch-katholische Bibel ist dicker als die evangelische. Es gehören Schriften dazu, die nach Luther in eine evangelische Bibel nicht gehören, die aber nützlich zu lesen sind: die sogenannten Apokryphen. Das sind die beiden Makkabäerbücher; das ist das Buch Judith und das Buch Tobias, das Buch Jesus Sirach und die Weisheit Salomos.

Warum hat die katholische Kirche eine dickere Bibel? Sie hat sich von Anbeginn an der lateinischen Übersetzung der Bibel orientiert. Und diese lateinische Übersetzung der Bibel beruhte auf der griechischen Übersetzung des Alten Testamentes. Diese griechische Übersetzung des Alten Testamentes umfaßte nicht nur den Teil des Alten Testamentes, den wir kennen – bis Maleachi –, sondern umfaßte auch die eben genannten Schriften.

Wann ist eigentlich festgelegt worden, daß das Alte Testament den Umfang hat, der für die evangelische Bibel maßgebend ist? Wahrscheinlich ist das in einem längeren Prozeß erfolgt, der gegen Ende des 1. Jahrhunderts nach Christus im Judentum seinen Abschluß fand. Ob die Beratungen auf der sogenannten „Synode von Jamnia" im Jahre 90 nach Christus dabei den Ausschlag gaben, ist umstritten.

Der Umfang des Neuen Testamentes stand lange Zeit nicht fest. Einige wichtige Hauptschriften waren über allen Zweifel erhaben. Dazu zählten die Evangelien, die Apostelgeschichte des Lukas, auch die Briefe des Apostels Paulus. Das war von Anfang an nicht strittig. Aber der zweite Petrusbrief, der Judasbrief, manchmal der Hebräerbrief, die Offenbarung des Johannes – darüber hat man lange gestritten.

Daß die Bibel im Neuen Testament den Umfang hat, den wir heute kennen, ist erst so seit dem 39. Osterfestbrief des Bischofs Athanasius von Alexandria, 367 nach Christus. So lange hat die Kanonbildung gedauert.

Mein Kollege Dr. Wilfrid Haubeck hat in einer Arbeitshilfe für die Jugendgruppen der Freien evangelischen Gemeinden zum Kanon geschrieben: „Der neutestamentliche Kanon ist weder das Werk eines Theologen noch eines Konzils. Vielmehr haben die Schriften sich durchgesetzt, die sich im Gebrauch in den Gemeinden als lebendiges Wort Gottes erwiesen und deshalb anerkannt wurden."[6]

So hat letztlich Gott selbst durch das Wirken seines Geistes im Laufe der Jahrhunderte für die Entstehung der Bibel in ihrem heutigen Umfang von 66 Büchern gesorgt. Das ist ein Glaubenssatz, zugegeben. Aber so macht Gott das, wenn er sein Wort in das Wort von

Menschen gibt. Dann läßt er es eine solche Entwicklungsgeschichte durchlaufen.

Mein fünftes Stichwort „Historische Kritik". Mein fünfter Leitsatz: „Die historische Kritik an der Bibel führte zur Bestreitung der Offenbarung Gottes." Diese verhängnisvolle Nicht-Segens-Geschichte begann vor gut 200 Jahren. Manche betrachten eine Veröffentlichung von Gotthold Ephraim Lessing als den Start. Er veröffentlichte in den Jahren 1772-1773 die „Fragmente eines Unbekannten", die auf den Orientalisten Reimarus zurückgehen. Seitdem ist die Vernunftkritik an der Bibel in der westlichen Welt bestimmend.

Um das Jahr 1900 herum hat einer der maßgebenden Theologen diese historische Kritik definiert. Das ist eine schwierige Materie, aber ich kann sie Ihnen nicht ersparen, weil dieser Punkt Auslöser für viele Schwierigkeiten ist.

Ernst Troeltsch hat 1898 einen Aufsatz „Über historische und dogmatische Methode in der Theologie" geschrieben. Er hat behauptet: Wenn man die historische Methode so, wie er sie verstehe, anwende, verwandele sie alles. Es bleibe in der Auslegung der Bibel kein Stein auf dem anderen, und es bleibt in der Glaubenslehre kein Stein auf dem anderen. Was ist das für eine Methode? Nach Ernst Troeltsch sind für diese Methode drei Stichworte maßgebend – leider sind das Fremdwörter, aber ich werde sie erklären –: Kritik, Analogie und Korrelation. Er meint damit folgendes.

Kritik: Bei historischer Forschung steht nichts von vornherein fest. Es muß alles kritisch überprüft werden. Auch in der Bibel steht nichts von vornherein fest. Es muß alles kritisch hinterfragt werden. Erst, was sich vor dieser kritisch hinterfragenden Vernunft als verläßlich erweist, das kann als gültig angesehen werden. Das ist das eine Merkmal: *Kritik* – alles muß kritisch hinterfragt werden, wenn es um historische Forschung geht.

Welcher Maßstab ist dabei anzuwenden? – Das ist das zweite Stichwort. Es ist der Maßstab der *Analogie*. Damit meint Ernst Troeltsch: In der Vergangenheit kann nur geschehen sein, was auch heute geschehen kann. Die Welt ist ein geschlossenes Ganzes. Wenn heute niemand über den See Genezareth gehen kann, ist das auch damals nicht geschehen. Wenn heute niemand von den Toten aufersteht, ist auch damals niemand von den Toten auferstanden. Es gibt kein Eingreifen Gottes in diese Welt senkrecht von oben. Das erleben wir nicht; das hat es auch damals nicht gegeben. Der Maßstab der Analogie sagt: Es kann nur passiert sein, was auch heute passieren kann.[7]

Logischerweise hat das auch bis zu dem entscheidenden Punkt geführt: Auferstehung eines Gekreuzigten kann nicht Basis der Theologie des Neuen Testamentes sein. Damit ist alles zur Disposition gestellt.

Das dritte Stichwort bei Ernst Troeltsch heißt *Korrelation*. Damit meint er: In der Geschichte gibt es immer einen Zusammenhang von Ursache und Wirkung. Es geschieht nichts, was nicht irgendeine Ursache gehabt hätte. Darum besteht die Aufgabe der Forschung darin, nachzuforschen, welche Ursachen was ausgelöst haben.

Mit anderen Worten: Die Aufgabe der Theologie ist im Grunde genommen eine religionsgeschichtliche Aufgabe. Man muß nachfragen: Welche Religionen waren damals in Palästina wirksam, welche kamen durch den Hellenismus dazu, und was hat das Ganze dann ausgelöst? Historische Ursachen haben historische Wirkungen.

Die Folgen dieser historischen Methodik sind einigermaßen katastrophal. Sie sind in heutigen Religionsbüchern nachzulesen; sie bilden die Grundlage für Rudolf Augsteins Buch „Jesus Menschensohn". Sie sind die Grundlage für den Bestseller von John A.T. Robinson „Gott ist anders" gewesen. Für vieles, was heute auf dem christlichen religiösen Markt angeboten wird, ist Ernst Troeltschs Methode die Grundlage. Das hat überhaupt nichts damit zu tun, jetzt in die Vergangenheit zu greifen, um irgend etwas hervorzuholen, was keine Relevanz mehr hätte – dies hat Relevanz bis heute.

Die Folgen sind katastrophal. Wer Ernst Troeltsch folgt, muß natürlich die Wunder des Alten und Neuen Testamentes bestreiten. Wenn er an den Texten festhalten will, wird er sagen: Das ist Sprache der Gemeinde in der mythologischen Form jener Zeit. Aber passiert ist überhaupt nichts. Wer nach Troeltschs Methode ansetzt, der kann – wie er das selbst gesagt hat – nicht von Jesus als dem stellvertretend für uns Gekreuzigten sprechen. Das wäre auch mythologische Sprache. Der müßte sagen: Der Prophet aus Nazareth ist am Widerstand des Römischen Reiches und am Widerstand des Judentums gescheitert. Das ist bei Rudolf Bultmann – „Erforschung der synoptischen Evangelien" – nachzulesen.[8]

Wer mit Ernst Troeltsch ansetzt, der kann schließlich auch vor der Gotteslehre nicht mehr haltmachen. Was hat es für einen Sinn, von Gott als einem Gegenüber, einem Du zu reden, wenn diese Welt geschlossen ist und es nach der Methode der Analogie keine Begegnung mit Gott geben kann? Dann muß man, wie Herbert Braun das getan hat, Gott als einen Namen für das „Woher meines Umgetriebenseins"[9] bezeichnen. Oder wie John A.T. Robinson es formuliert hat: Gott als die Tiefe des Seins.[10]

Ich wiederhole: Die Folgen dieser historischen Methode sind katastrophal. Deswegen lehne ich sie in dieser Form rundweg ab. Man kann mit den Schwierigkeiten der Bibel nur fertig werden, wenn man sich klarmacht, was passiert. Die Einheit von Gotteswort und Menschenwort kann nicht mehr durchgehalten werden, wenn ich ein Denken bemühe, das Gott ausschaltet; das diese Welt versteht, als ob es Gott nicht gäbe, das so tut, als wäre Gott nie gewesen und als hätte er sich nie offenbart. Dann könnte ich dem Gegenstand der Bibel nie gerecht werden; ich könnte ihm überhaupt nicht begegnen.

Es gibt in unserer Zeit mindestens eine namhafte Theologin, die einmal diese Methodik nachdrücklich vertrat und dann alles widerrief, was sie geschrieben hatte: Eta Linnemann. In ihrem Rechenschaftsbericht ist nachzulesen, warum sie das getan hat und warum die Methodik falsch ist.[11] Sie berichtet darin auch, wie diese angeblich objektive Methode in Wirklichkeit gehandhabt wird. Ich kann das hier nicht ausführen. Aber das, was Eta Linnemann geschrieben hat, entspricht meiner Erfahrung in der Begegnung mit historisch-kritisch arbeitender Literatur. So objektiv, wie es erscheint, ist das alles nicht. Hier werden ganz handfeste Machtkämpfe ausgefochten. Es gibt „Päpste", die bestimmen, was in wissenschaftliche Zeitschriften hineinkommt und was nicht. Es gibt einen deutschen Provinzialismus, der nicht zur Kenntnis nimmt, was im angelsächsischen Raum gedacht und geschrieben wird. Man tut so, als wäre Theologie nur in unserem Jahrhundert sachgerecht betrieben worden, und nimmt nicht zur Kenntnis, was in vorangegangenen Jahrhunderten an solider Forschung geleistet worden ist. Mit der Objektivität ist es nicht weit her. Wer die Sache kennt, wird das bestätigen können.

Was ist passiert? – Es ist die untrennbare Einheit von Gotteswort und Menschenwort zugunsten des Menschenwortes aufgelöst worden. Wer das tut, wird nichts anderes als Menschenwort hören. Die Schwierigkeiten sind vorprogrammiert. Wer die untrennbare Einheit von Gotteswort und Menschenwort auflöst und nur auf das Menschenwort setzt, der landet auch nur beim Menschenwort und verliert Gott aus den Augen.

Noch ein sechstes Stichwort und ein sechster Leitsatz. Mein Stichwort: „Irrtumslosigkeit". Mein Leitsatz: „Die Lehre von der Irrtumslosigkeit der Bibel in allen ihren Aussagen ist als Schutz gedacht, scheitert aber an der realen Gestalt der Bibel." Ich meine jene Lehre, die behauptet, die Bibel sei in ihren ursprünglichen Dokumenten ohne Irrtum und Widerspruch in allen ihren Aussagen: Glaubensaussagen, theologischen Aussagen, naturwissenschaftlichen, biologischen, geographischen – was immer dort steht.

Die Behauptung und Lehre, die Bibel sei in ihren ursprünglichen Dokumenten ohne Irrtum und Widerspruch in allen ihren Aussagen, ist insofern schon problematisch – das werden Sie nachvollziehen können –, weil wir die ursprünglichen Dokumente ja nicht haben. Das war mein zweiter Leitsatz. Wir haben nur Abschriften von den ursprünglichen Dokumenten. Insofern ist das eine Behauptung, die nicht nachprüfbar ist. Aber selbst wenn man die ursprünglichen Dokumente einmal „in Klammern" setzt, kann ich mich doch mit dieser Lehre aus folgenden Gründen nicht anfreunden. Der Begriff der Irrtumslosigkeit ist kein biblischer Begriff. Die Gegner der biblischen Botschaft haben von Irrtümern in der Bibel gesprochen.

Alle, die für die Wahrheit der biblischen Botschaft kämpfen wollen, haben sich den Begriff von den Gegnern aufdrängen lassen. Die einen sagen: Irrtum. Die anderen sagen: irrtumslos. Die Bibel aber spricht davon nicht.

Wer „Irrtum" sagt, der muß den „Irrtum" beweisen. Wer „irrtumslos" sagt, muß die „Irrtumslosigkeit" beweisen. Die entscheidende Instanz, die darüber befindet, wäre wiederum die menschliche Vernunft. Welch ein falscher Ansatz! Nein, die Bibel redet anders von sich selber. In ihr tauchen die Begriffe „Zuverlässigkeit" und „Vertrauenswürdigkeit" auf; Begriffe also, die in den persönlichen Bereich gehören, die zu Beziehungen gehören. Es geht ja um die Beziehung zu dem lebendigen Gott – und nicht um sachliche Richtigkeiten.

Darüber hinaus gibt es einen anderen Grund, der es mir nicht möglich macht, dieser Lehre zu folgen. Die Bibel selbst widerspricht der Behauptung, daß sie in allen ihren Aussagen ohne Irrtum sei, wie man an folgenden Beobachtungen erkennen kann: Ich gehe wahrhaftig nicht auf die Suche nach Irrtümern und Widersprüchen in der Bibel, aber ich lese die Bibel aufmerksam. Wenn ich das tue, stoße ich auf gewisse Dinge. Sie werden auch darauf stoßen, wenn Sie z.B. das Markus-Evangelium aufschlagen und von Kapitel 1 an lesen. Sie brauchen nur eine deutsche Übersetzung in der Luther-Fassung von 1984, und es liegt auf der Hand. Es steht in den Versen 1, 2 und 3: „Dies ist der Anfang des Evangeliums von Jesus Christus, dem Sohn Gottes. Wie geschrieben steht im Propheten Jesaja: ,Siehe, ich sende meinen Boten vor dir her, der deinen Weg bereiten soll.' ,Es ist eine Stimme eines Predigers in der Wüste: Bereitet den Weg des Herrn, macht seine Steige eben!'"

In Klammern: Maleachi 3, 1; Jesaja 40,3. Wie hatten wir gelesen? „Wie geschrieben steht im Propheten Jesaja." Es steht in Maleachi 3,1. Wenn ich behaupte, die Bibel ist ohne Irrtum in allen ihren Aussagen, ist das schlimm. Denn dann stürzt ein Gebäude zusammen. Wenn ich das nicht behaupte, ist das überhaupt nicht tragisch. Die Männer, die das geschrieben haben, trugen das Alte Testament nicht in der Tasche und konnten nicht mal eben einen Vers nachschlagen, den sie aus dem Gedächtnis zitierten: Steht er denn nun bei Jesaja, oder steht er bei Maleachi? Hinterher geht es richtig mit Jesaja weiter. Der Verfasser hat aus dem Gedächtnis zitiert, sogar richtig zitiert, aber er vergaß zu erwähnen, daß sein Zitat außer bei Jesaja auch noch bei Maleachi zu finden ist. Gar nicht schlimm, wenn Gottes Wort in das Wort von Menschen eingeht; ganz natürlich. Aber wenn man daraus eine verkrampfte Lehre macht, wird alles ganz schlimm.

Die Lehre von der Irrtumslosigkeit der Bibel in allen ihren Aussagen nimmt den Charakter der Bibel als Menschenwort nicht ernst. Auch hier wird die untrennbare Einheit auseinandergebrochen. Um die Bibel zu retten, setzt man voll auf das Gotteswort und behauptet: Es darf so etwas wie in Markus 1 nicht geben. Aber die Bibel zeigt: Das gibt es. Deswegen behaupte ich, daß diese Lehre zu einem unehrlichen, krampfhaften Umgang mit der Bibel verleitet. Soweit die Stichworte und soweit die Leitsätze.

Wer die Schwierigkeiten im Umgang mit der Bibel beheben will, muß das Wesen der Bibel ernst nehmen. Ihr Wesen ist Gottes Wort im Menschenwort. Wer das akzeptiert, wird sich um die Sprachen bemühen und wird Übersetzungen kritisch prüfen. Er stellt in Rechnung: Es sind Übersetzungen, und sie haben ihre Vorgaben. Wer von diesem Wesen der Bibel, Gottes Wort im Menschenwort, ausgeht, der kann mit den Handschriftenbefunden gelassen umgehen. So hat Gott das gemacht. Er hat die Bibel solch eine Überlieferungsgeschichte nehmen lassen. Das schadet ihrer Autorität überhaupt nicht.

Wer den Satz „Die Bibel ist Gotteswort im Menschenwort" ernst nimmt, wird sich sehr um das Verständnis des zeitgeschichtlichen Umfeldes bemühen. Gottes Wort beginnt zu leuchten, wenn ich es auf dem geschichtlichen Hintergrund sehe. Wer diesem Satz folgt, dem wird auch die Offenheit des alttestamentlichen Kanons nicht so große Schwierigkeiten bereiten; er kann das ertragen, daß es eine römisch-katholische Fassung des Alten Testamentes und eine evangelische gibt. Was tut's! Das Neue Testament hat aus beiden Bereichen zitiert: aus den Apokryphen und aus dem Alten Testament.

Wer diesem Grundsatz folgt – Gottes Wort im Menschenwort –, der wird die weltanschaulich bestimmte historische Kritik ablehnen, weil sie das Menschenwort isoliert und weil sie darum diesem Gegenstand nicht angemessen ist. Wer diesem Grundsatz folgt – Gottes Wort im Menschenwort –, der wird auch keine Zuflucht zu einer Irrtumslosigkeit nehmen, die sich am biblischen Text nicht bewährt. Er wird sagen, was die Bibel über sich selbst sagt, und dem nichts hinzufügen.

Mit anderen Worten: Wer diesem Grundsatz folgt, wird sich bemühen, demütig zu hören und zu forschen; immer wieder zu hören und zu forschen, wie das die großen Forscher der Bibel getan haben, zu denen ich u.a. Adolf Schlatter rechne, der gesagt hat: Es kommt darauf an, immer wieder hinzusehen, zu lesen, zu verstehen, zu hören. Wer das tut, dem wird die Bibel zur Freude, zur Beute. Dafür hat Gott selbst ge-

sorgt. Er macht das so – in unseren Tagen wie in allen
Jahrhunderten. Insofern ist die Bibel immer eine
große Herausforderung zur Arbeit, zum Nachdenken,
zum Hören und zur Demut.

3. Wege zum Verständnis der Bibel

oder: Was man bei der Auslegung der Bibel
beachten muß

Solange es eine Bibel gibt, so lange gibt es auch eine
Auslegung der Bibel. Die jüdischen Schriftgelehrten
haben zunächst die Auslegung des Alten Testamentes
betrieben. Seitdem es die Bibel aus Altem und Neuem
Testament gibt, haben christliche Theologen diese Bibel ausgelegt.

Von Zeit zu Zeit, manchmal in großen Zeitabstän-
den, ragt aus der Reihe der Ausleger einer besonders
hervor, und sein Einfluß ist so maßgebend, daß er eine
ganze Schule bildet, viele Schüler und Anhänger hat;
und viele andere nehmen seine Ansichten auf und geben sie weiter. Das ist in unserem Jahrhundert mit der
Schule von Rudolf Bultmann so gewesen; Rudolf
Bultmann, der seine Auslegungsarbeit in den zwanzi-
ger Jahren begann und ein ganzes Programm der Auslegung des Neuen Testaments vorgestellt hat. Viele
sind durch dieses Programm geprägt worden.

Es scheint so, als würde sich etwas Neues dieser Art
anbahnen, als gäbe es einen neuen Ausleger, der eine
ganze Generation prägen kann. Er hat inzwischen
schon eine Reihe von umfangreichen Büchern zum
Verständnis der Heiligen Schrift, zum Verständnis des
Neuen Testamentes veröffentlicht. Inzwischen ist er
so bekanntgeworden, daß auch das Fernsehen auf ihn
aufmerksam geworden ist. Ich spreche von Eugen
Drewermann, Doktor der Theologie, Jahrgang 1940.
Er hat Philosophie in Münster studiert, Theologie in
Paderborn und Psychoanalyse in Göttingen. Er ist

Privatdozent für Systematische Theologie an der Philosophisch-Theologischen Fakultät in Paderborn und auch als Psychotherapeut tätig.

Eugen Drewermann setzt mit einer Beobachtung ein, die im vorhergehenden Kapitel bereits angesprochen wurde. Drewermann hält zwar die historisch-kritische Arbeit an der Bibel für verdienstvoll und unverzichtbar, aber ihr Ergebnis nach hundert Jahren Anwendung für äußerst mager. Ich lasse ihn selber zu Wort kommen: „Das aufgeschichtete Resultat geschichtlicher Untersuchungen in der Bibel ist, religiös betrachtet, nach mehr als hundert Jahren von einer monströsen Inhaltslosigkeit. Der Eindruck, den ein Theologiestudent schon in den Anfangssemestern beim ersten Kontakt mit der gegenwärtigen Bibelwissenschaft gewinnt, trügt nicht. Er wird die Fragen, die er um seiner selbst willen an den Text richten möchte und die ihn zum Studium der Heiligen Schrift wesentlich motivieren, innerhalb der historisch-kritischen Methode nicht nur unbeantwortet lassen müssen; er wird sie überhaupt völlig zu vergessen haben. Sagen wir es offen: Auf diese Weise werden Menschen, die Gläubige und Theologen sein möchten, unfehlbar zu Schriftgelehrten und Religionswissenschaftlern herangebildet, die im Status ihrer Vollendung eigentlich nur noch aus Traditionsgründen in der Theologie anwohnen und ehrlicherweise besser in der altorientalischen oder gesellschaftswissenschaftlichen Abteilung untergebracht wären." [12]

Zu dieser Entwicklung der historischen Kritik zu einer „monströsen Inhaltslosigkeit" ist es nach Drewermann gekommen, weil man einseitig auf das menschliche Bewußtsein gesetzt hat. Oder um es mit meinen Worten zu sagen: Weil man einseitig auf die menschliche Vernunft und ihr Vermögen gesetzt hat, biblische Texte zu analysieren, sie historisch zu befragen und auf ihren Kernbestand zu reduzieren.

Drewermanns These heißt: Diese von der Vernunft ausgehende Befragung biblischer Texte ist dem Gegenstand der Theologie und der Bibel nicht angemessen. – Das klingt gut, aber ehe man applaudiert, sollte man genauer hinsehen. Wie sieht denn die Alternative aus, die andere Auslegung der Bibel, die Eugen Drewermann vorschlägt? Er behauptet, es gehe in der Bibel und in der Theologie überhaupt um die Sprache der Bilder, der Mythen, der Sagen. Das sei in der Bibel und in der Theologie und in der christlichen Kirche nicht anders als in anderen Religionen. Und in diesen Bildern, Mythen, Sagen sprächen sich Grunderfahrungen der menschlichen Seele aus. Sehr bald kommt in seinen Werken heraus, wer sein Ratgeber ist: C.G. Jung mit seiner Lehre der Archetypen, also jener Grundmuster der menschlichen Seele, die den einzelnen übergreifen und die für das Menschsein typisch sind. Mit anderen Worten: Drewermann benutzt die Tiefenpsychologie, um die Brücke zu den Texten aus alter Zeit zu schlagen. Er meint, mit der Tiefenpsychologie eine Methode gefunden zu haben, durch die diese Texte aus alter Zeit für Menschen heute Bedeutung haben, sie ansprechen.

Drewermann setzt nicht auf menschliche Vernunft, um die biblischen Texte zu erschließen, sondern er setzt auf menschliche Emotionalität. Bilder muß man sehen, in Bilder muß man sich hineinleben, von Bildern muß man sich mitnehmen lassen in den eigenen Gefühlen. Dann kommt man der Sache nahe.

Von vielen, die unsere Welt, die wesentlich von der Vernunft bestimmt und an Leistung orientiert ist, als nicht beglückend erleben, wird die Botschaft von Drewermann begierig aufgenommen. Viele haben einen

Überdruß an rational bestimmter Welt. Sie haben eine große Sehnsucht in ihrem Herzen nach emotionaler Begegnung, weil das zu ihrem Menschsein gehört, nicht nur mit biblischen Texten, sondern auch mit Menschen. Es scheint sich ihnen eine neue Welt aufzutun, und endlich beginnt das, was so alt und abgestanden schien, wieder neu zu sprechen.

Ich möchte in meiner Beurteilung dieses Weges bescheiden sein; denn ich verkenne nicht, daß ein Mann von hoher Bildung auf den verschiedensten Wissensgebieten der Philosophie, der Psychologie und der Theologie versucht, Dinge zusammenzudenken. Dennoch erlaube ich mir einen kritischen Ansatz. Bei Drewermann ist an die Stelle der Vernunft in der historischen Kritik und an die Stelle der Existenzphilosophie in dem Auslegungskonzept von Rudolf Bultmann nun die Archentypen-Lehre C.G. Jungs getreten. Das ist im Grundsatz ein und dasselbe; es sind unterschiedliche Anmarschwege, über die man reden kann. Es ist ein neuer Zugang, aber wieder nur ein menschlicher Zugang; in einer Zeit der Neuentdeckung der religiösen Dimension des menschlichen Lebens für viele ein attraktiver Zugang. Aber – und das ist nun meine These – die Bibel selbst verwehrt uns diesen Weg der Auslegung. Sie zeigt uns eine andere Spur.

Diese Spur möchte ich in vier Schritten skizzieren. Ich verspreche, daß ich am Schluß, nachdem diese vier Schritte skizziert sind, noch einmal die Probe aufs Exempel mache und auf Drewermann zurückkomme. Denn die Behauptung steht im Raum: Sein Weg der tiefenpsychologischen Deutung der Bibel ist ein von der Bibel bestrittener Weg. Dies wäre ja erst noch darzustellen.

Mein erster Schritt: Wir gehen vom Wesen der Bibel aus als Gottes Wort im Menschenwort oder Gottes

Wort, wiedergegeben in menschlichen Worten. Ich erinnere noch einmal an die biblische Grundlage für dieses Selbstverständnis der Bibel, an 2. Timotheus 3,16: „Alle Schrift, von Gott eingegeben, ist nütze zur Lehre, zur Zurechtweisung, zur Besserung, zur Erziehung in der Gerechtigkeit." Und 2. Petrus 1,20.21: „Es ist noch nie eine Weissagung aus menschlichem Willen hervorgebracht worden, sondern getrieben vom Heiligen Geist haben Menschen im Namen Gottes geredet."

Ich habe immer wieder die Einheit von Gotteswort und Menschenwort betont. Ich möchte auch in Erinnerung rufen, was uns bereits beschäftigt hat, daß mit dieser Formel „Gottes Wort im Menschenwort" zwei Verständnisse nicht gemeint sind. Es ist nicht gemeint, daß die Bibel neben vielen menschlichen Worten auch Worte Gottes enthält und daß die Auslegung nun die Aufgabe hätte, zwischen diesen vielen menschlichen Worten und den Worten Gottes zu unterscheiden. Ich habe begründet, warum das nicht so zu verstehen ist.

Ich habe auch das andere Mißverständnis abgewiesen, daß die menschlichen Worte der Bibel je und dann zum uns anredenden Wort Gottes werden. Das tun sie auch; aber darin liegt nicht der Charakter der Bibel als Gottes Wort begründet.

Was macht die Bibel zum Wort Gottes? – Ihre zeitliche und sachliche Nähe zum geschichtlichen Handeln Gottes. Und das gilt vor allen Dingen für das Handeln Gottes in Jesus Christus. Die Schriften des Neuen Testamentes sind in den Jahren 50 bis 100 nach Christus entstanden. Jesus hat gelebt und gewirkt von etwa 4 vor Christus bis 30 nach Christus. Das Jahr 0 ist nicht exakt berechnet.

Die Schriften des Neuen Testamentes haben also eine große zeitliche Nähe zu den Ereignissen um Jesus.

Um das Jahr 50 herum entstehen die ersten Schriften, die wir heute in der Bibel haben: etwa der 1. und 2. Thessalonicherbrief. Um das Jahr 30 kam es zur Kreuzigung und Auferstehung Jesu. Nach einem Zeitraum von ca. 20 Jahren wird schriftlich fixiert, daß er von den Toten auferstanden ist. Im Jahre 54 erscheint schon der 1. Korintherbrief, in dem die Zeugen des Auferstandenen benannt werden, die zum großen Teil noch leben, wie Paulus schreibt, und die man also befragen kann. Große zeitliche und sachliche Nähe. Martin Dibelius hat im Blick auf viele Überlieferungsstücke der Evangelien gesagt: Sie waren Bestandteile apostolischer Predigt – diese kurzen Einheiten, die aus dem Leben Jesu berichten –; und weil sie Bestandteile apostolischer Predigt waren, haben sie hohen historischen Wert;[13] denn die Leute, die in diesen Geschichten vorkommen, saßen unter der Predigt der Apostel. Sie lebten noch; man konnte sich gar nicht erlauben, Geschichten von Jesus zu erfinden. Denn sie wurden vor Leuten gepredigt, die Jesus selbst noch gehört und gesehen hatten.

Das meine ich mit der großen zeitlichen und sachlichen Nähe. Alle weiteren Schriften, die im Laufe der folgenden, nachapostolischen Zeit entstanden, teilen dieses Merkmal nicht. Das macht die Bibel zum Wort Gottes: die Nähe zur geschehenen Offenbarung Gottes und die Tatsache, daß Gott durch seinen Geist darüber gewacht hat, daß die Schreiber das zu Papier brachten, was man von seiner Offenbarung wissen muß. So jedenfalls ist das Selbstverständnis der Bibel.

Wir haben bereits ausführlich von der menschlichen Seite der Bibel gesprochen, von ihrer Fremdsprachigkeit in Hebräisch, Aramäisch und Griechisch, ihrer Textüberlieferung in vielen Handschriften, ihrer Entstehungsgeschichte über tausend Jahre, von der Eigenart ihrer Verfasser – was ist das für ein Spannungsbogen zwischen Paulus und Johannes! –, von der Geschichtsbezogenheit ihrer Themen, vom Pharaonen-Reich bis hin zum Römischen Reich. Wir sahen: Das ist eine untrennbare Einheit. Gottes Wort ist nirgendwo anders zu haben als in diesen menschlichen Worten. Und diese menschlichen Worten sind nichts anderes als Gottes Wort. So hat es Gott gefallen. Darum muß man bei der Auslegung der Bibel von dieser Einheit von Gottes Wort im Menschenwort ausgehen.

Daraus ergibt sich für mich ein zweiter Grundsatz. Wir beten um die Erleuchtung durch Gottes Geist. Gebet ist die entscheidende Voraussetzung für das Verständnis der Bibel. Der Apostel Paulus hat in 1. Korinther 2,14-16 geschrieben, daß es ohne Erleuchtung durch Gottes Geist kein Verstehen der Offenbarung Gottes gibt. Der natürliche Mensch vernimmt nichts vom Geist Gottes. Es ist für ihn Torheit. Er kann es nicht begreifen. Er muß durch Gottes Geist erleuchtet sein.

Mit anderen Worten: Der Ausleger der Bibel muß ein vom Heiligen Geist ergriffener Mensch sein. Das Neue Testament läßt daran keinen Zweifel, daß es ohne Ergriffensein durch den Heiligen Geist keinen Glauben gibt. Paulus schreibt in 1. Korinther 12,3: „Niemand kann sagen: Herr ist Jesus Christus – außer durch den Heiligen Geist." Natürlich kann man in oberflächlicher Weise sagen: Herr ist Jesus Christus. Aber wer das als persönliches Bekenntnis spricht: Jesus Christus ist mein Herr – ihm vertraue ich im Leben und im Sterben –, der kann das nicht sagen, ohne durch den Heiligen Geist ergriffen zu sein. Wir reden uns den Glauben nicht ein, wir reden ihn auch anderen nicht ein, sondern Gott weckt Glauben durch seinen Geist in Menschen.

Oder wie wir es im Johannes-Evangelium lesen: Niemand kann teilhaben an der Herrschaft Gottes; niemand kann sie sehen, es sei denn, er ist ein neuer Mensch geworden durch die Gabe des Heiligen Geistes. Wenn jemand nicht von neuem geboren wird, kann er das Reich Gottes nicht sehen (Johannes 3,1–13).

Wer ein vom Heiligen Geist ergriffener Mensch ist, wird der Bibel, die vom Heiligen Geist inspiriert ist, mit der Grundhaltung des Vertrauens und nicht des Zweifels begegnen. Der Widersacher Gottes fragt: „Sollte Gott gesagt haben?" Jesus sagt: „Bis daß Himmel und Erde vergehen, wird nicht vergehen der kleinste Buchstabe noch ein Tüpfelchen vom Gesetz, bis es alles geschieht" (Mt 5,18).

Wer ein vom Heiligen Geist ergriffener Mensch ist, entdeckt in der Bibel, in diesen vielen menschlichen Schriften, die Stimme seines himmlischen Vaters. Darum ist die wichtigste Arbeit bei der Auslegung der Bibel das Gebet. Ich sage damit etwas, was Sie in keinem Lehrbuch für Auslegungsfragen finden. Ich kenne viele dieser Lehrbücher und arbeite notgedrungen mit ihnen. Aber über das Gebet habe ich darin noch nichts gefunden.

In der großen Kirchlichen Dogmatik von Karl Barth findet man zu vielen wichtigen Themen das Gebet, aber in den Lehrbüchern der Auslegung leider nicht. Ich selbst habe die Erfahrung gemacht, daß es wichtig ist, bei der Beschäftigung mit einem Bibelabschnitt, ehe ich übersetze, nachdenke, Kommentare lese, mit Gott über eben diesen Bibelabschnitt zu reden. Das meint ja Gebet: Gespräch mit dem Vater im Himmel; natürliches, nicht auswendiggelerntes, nicht

gezwungenes Reden, sondern im positiven Sinn ein-
fältiges Reden mit Gott.

Es gibt im Laufe der Geschichte der christlichen
Kirche Auslegungen, die sich nie überlebt haben, die
wieder und wieder aufgelegt, gelesen, gedruckt werden. Ich denke zum Beispiel an die Auslegungen von
Martin Luther und Johannes Calvin; ich denke an die
Kommentare von Frédéric Godet und Adolf Schlatter.
Die Bücher ihrer Zeitgenossen, mit denen sie im Gespräch waren – hochgebildete Theologen –, stehen in
den Bibliotheken und verstauben; niemand kommt
auf die Idee, sie wiederaufzulegen.

Was ist das Geheimnis dieser Ausleger gewesen,
deren Auslegungen wieder und wieder gelesen werden, weil sie irgendwie die Spur getroffen haben,
um die es in biblischen Schriften geht? Sie waren –
das kann man in ihren Lebensbeschreibungen lesen –
Beter. Luther wird der Satz nachgesagt, je mehr er
zu tun habe, um so mehr müsse er beten. – Das galt
vornehmlich bei der Übersetzung und der Auslegung
der Bibel.

Wer also sachgemäß – der Sache „Gottes Wort im
Wort von Menschen" – die Bibel auslegen will, der
muß schon mit Gott über dieses Gotteswort im Men-
schenwort reden. Wenn er das tut, wird der Heilige
Geist, von dem er ergriffen ist, ihn auf eine bestimmte
Spur bringen.

Jesus selbst hat vor seinem Leiden und Abschied-
nehmen von seinen Jüngern gesagt, auf welche Spur
der Heilige Geist Menschen bringt. Ich denke an die
Worte über den Parakleten in Johannes 14,15 und 16 –
über den Tröster, über den Heiligen Geist. Jesus sagt:
Dieser Heilige Geist wird nicht irgend etwas Spekta-
kuläres bewirken, er wird die Aufmerksamkeit der
Menschen nicht auf sich ziehen, sondern er wird mich

– Jesus – verherrlichen. Er wird die Aufmerksamkeit der Menschen auf Christus lenken.

Wer sich dem Einfluß des Heiligen Geistes aussetzt, wer als Betender Auslegungsarbeit betreibt, der wird lernen, Christus als die Mitte der Heiligen Schrift zu sehen: das Alte Testament als Verheißungsgeschichte auf ihn hin angelegt und das Neue Testament als Erfüllungsgeschichte dieser Verheißung. Christus als Mitte und Norm der Schrift – das ist die Leidenschaft des Heiligen Geistes.

Menschen, die betend der Bibel begegnen, werden auf diese Spur kommen. Das ist das Geheimnis ihrer tragfähigen Auslegungen über Jahrhunderte hinweg: weil Christus als Mitte der Schrift die Menschen anspricht, die Menschen bindet, die Menschen leitet, die Menschen trägt. Das ist der Zugang, der Zukunft hat. Der Heilige Geist hat eine Leidenschaft: Christus großzumachen. Er bedient sich dabei der vielfältigen Gaben in der Gemeinde Jesu Christi.

Bibelauslegung ist nicht nur eine Tätigkeit von Fachleuten, die abgeschieden vom Leben in ihrem Studierzimmer sich ausdenken, wie die Bibel zu verstehen sei. Gott hat uns als Theologen in die Gemeinde Gottes gestellt. Unsere Auslegung gewinnt dann an Transparenz und Lebensnähe, wenn wir mit den Menschen über das Leben und über die Bibel sprechen.

Ich selbst bin Mitglied in einem Bibel-Gesprächskreis der Freien evangelischen Gemeinde in Ewersbach. Ich empfinde diese Gemeindebibelschulgruppe als eine ständige Herausforderung. In der Gruppe sitzen sonst keine theologischen Lehrer, in der Regel auch keine Studenten, sondern sogenannte Laien. Sie haben spezifische Fragen. Wenn ich versuche, theologisch „abzuheben", stellen sie mir einige schlichte Fragen und holen mich auf den Boden der Wirklichkeit zurück. Wenn ich einen großen Entwurf vorlege, wie Leben aus dem Glauben aussähe, stellen sie nur die schlichte Frage: Wie macht ihr das denn mit euren Kindern in eurer Familie? – Wir müssen zur Sache reden. Ich empfinde dieses Leben in der Gemeinde im Nachdenken über das Wort, über seinen Realitätsbezug als einen ganz entscheidenden Schutz gegen eine Verwissenschaftlichung der Exegese.

Dies also war mein Punkt. Wer die Bibel auslegen will, begegne ihr als Beter und bitte um die Erleuchtung durch Gottes Geist. Er wird ihn auf diese Spur führen: Christus als Mitte der Schrift und die Gemeinde als Hilfe zum Realitätsbezug.

Mein dritter Grundsatz: Wir beachten die geschichtliche Gestalt der Bibel. Mit geschichtlicher Gestalt der Bibel meine ich die Grundsprachen und deren Übersetzung. Es ist schon aller Mühe wert, sich um diese Grundsprachen zu bemühen und genau hinzuhören, was da geschrieben steht, und es mit den Mitteln der Philologie zu verstehen versuchen.

Geschichtliche Gestalt – das ist Textüberlieferung. Das bedeutet, auch danach zu fragen: Wie ist denn der Handschriftenbefund zu einer bestimmten Stelle. Dabei wird man auf solche Dinge stoßen, wie ich sie bereits an einem Beispiel aus der Apostelgeschichte 8,37 verdeutlicht habe.

Ich muß also, wenn ich die geschichtliche Gestalt ernst nehmen will, mich diesem Sachverhalt stellen und kann mich an ihm nicht vorbeimogeln. Bei der geschichtlichen Gestalt werde ich auch darauf achten, daß biblische Worte immer in einem bestimmten Zusammenhang stehen. Das möchte ich an einem Bibelvers verdeutlichen, der gern zitiert und mit dem auch eine dogmatische Aussage verbunden wird. Ich meine 1. Korinther 1,17a: „Christus hat mich nicht gesandt zu taufen, sondern das Evangelium zu predigen."

Erlauben Sie mir, daß ich etwas locker darbiete, was ich dazu zu sagen habe. – Die Pastoren des Bundes Freier Evangelischer Gemeinden hatten sich in einer theologischen Woche mit dem Verständnis der Taufe befaßt. Darüber war in unserer Gemeindezeitschrift berichtet worden. Anschließend gab es einen Leserbrief. In dem Leserbrief stand, die Pastoren hätten sich gar nicht so große Mühe zu machen brauchen; denn das entscheidende Wort in dieser Sache stehe schon im Neuen Testament: 1. Korinther 1,17a. Auf die Taufe komme es überhaupt nicht an, sondern auf die Verkündigung des Evangeliums. „Christus hat mich nicht gesandt zu taufen, sondern das Evangelium zu predigen." Damit hätte man sich zufriedengeben und die Taufe getrost denen überlassen können, die mit der Taufe mehr anfangen können.

Wer 1. Korinther 1 im Zusammenhang liest, merkt: Das ist ein gewaltiges Mißverständnis; denn Paulus hatte keineswegs im Sinn, die Taufe geringzuschätzen. Er hatte nur eines im Sinn: daß die korinthische Gemeinde nicht daran zerbrach, daß er auch noch eine Gruppe von Gemeindegliedern getauft hatte. Er war froh, daß das nur eine relativ kleine Gruppe war; die anderen waren von seinen Mitarbeitern getauft worden.

Was zum Thema Taufe in der Theologie des Paulus zu sagen ist, das muß man schon in Römer 6 nachlesen. Dort wird man entdecken, einen wie hohen Stellenwert die Taufe für Paulus hatte. Geschichtliche Gestalt beachten bedeutet, sorgfältig auf den unmittelbaren Zusammenhang und auf den Zusammenhang in einem ganzen Schriftstück und in der Theologie eines Autors zu achten – und nicht Verse aus dem Zusammenhang herauszubrechen und damit eine Grundlage für ein dogmatisches Gebäude zu schaffen.

Wichtig ist sicherlich, bei der geschichtlichen Gestalt auf die Begriffe und ihr Verständnis zu achten. Das ist vor allen Dingen wegen der Übersetzung notwendig. Welche Vorstellungen verbinden Sie z.B. mit dem Begriff „Gerechtigkeit Gottes"? Vollziehen Sie es einmal in Gedanken nach. Ich habe den Test im Seminar gemacht und dann auf die Tafel geschrieben, was zu diesem Begriff genannt wurde. Vielleicht ist Ihnen jetzt auch eingefallen: Gerechtigkeit Gottes heißt: Gott ist ein heiliger Gott; Gott läßt nicht fünf gerade sein; Gott ist ein strafender Gott; er sorgt dafür, daß Recht und Ordnung herrschen – und, und, und.

Als ich erläutert habe, was im alttestamentlichen Verständnis „Gerechtigkeit Gottes" ist, nämlich daß Gott seinem Volk, mit dem er sich verbündet hat, gerecht wird und ihm darum Heil erweist; daß das Wesen der Gerechtigkeit Gottes ist, daß er gerecht macht – nicht daß er Gerechtigkeit von uns fordert –, waren die, mit denen ich die Übungen gemacht hatte, in der Regel überrascht, daß dies hinter dem Begriff steht.

Auf die geschichtliche Gestalt achten bedeutet, den Begriffen nachzugehen – und nicht vorschnell die eigenen Gedankenverbindungen mit den Begriffen zu verknüpfen. Der geschichtlichen Gestalt nachzugehen bedeutet auch, die Absichten der Empfänger und Verfasser und das Ziel der Schriften genau zu verstehen.

Ich möchte das an zwei Beispielen verdeutlichen. Das Lukas-Evangelium beginnt mit vier Versen, die beschreiben, wie dieses Evangelium zustande gekommen ist. Sie beschreiben auch die Zielsetzung des Evangelisten. Er hat keineswegs die Absicht, erbauliche Geschichten zu erzählen, er hat keineswegs die Absicht, im Stile eines Märchenerzählers etwas zu präsentieren, in dem sich die Tiefe der Seele widerspiegelt, sondern er hat die Absicht – er sagt das jedenfalls –, allem von Anfang an nachzugehen – wir nennen das heute „recherchieren" – und das in guter Ordnung aufzuschreiben, damit derjenige, der dieses Evangelium empfängt, eine zuverlässige Grundlage der Lehre bekommt.

Meine Auffassung ist: Die geschichtliche Gestalt ernst zu nehmen bedeutet, auch die Autoren in ihrer eigenen Absicht ernst zu nehmen und ihnen nicht Tendenzen zu unterstellen, von denen sie selbst überhaupt nichts geahnt haben.

Ich möchte das noch an einem anderen Beispiel verdeutlichen: am Johannes-Evangelium. Beim Johannes-Evangelium herrscht in der historisch-kritischen Forschung die Auffassung vor: Dies ist ein Evangelium, unter dem Blickwinkel der Auferstehung Jesu geschrieben; ganz anders als die synoptischen Evangelien. Darum ist darin kaum ein Bezug zur historischen Wirklichkeit des Lebens Jesu zu finden, sondern vielmehr eine meditative Deutung des Lebens Jesu.

Das steht im Gegensatz zu den Schlußworten des Johannes-Evangeliums, in denen sich ein Schüler des Verfassers dafür verbürgt, daß das, was dieser geschrieben hat, zuverlässige Berichterstattung ist. Im Gegensatz zu dieser Tendenz steht auch die Beobachtung im Johannes-Evangelium, daß dieses Evangelium uns historische Einzelheiten mitteilt, von denen wir in den anderen Evangelien überhaupt nichts erfahren. Jedermann setzt heute voraus, daß Jesus drei Jahre öffentlich gewirkt hat. Das wissen wir nur aus dem Johannes-Evangelium, weil nur dieses Evangelium die Wanderungen Jesu zu den Festen in Jerusalem exakt angibt.

Ich kann das hier nicht vertiefen. Mir geht es nur um Beispiele, die deutlich machen sollen: Geschichtliche Gestalt beachten bedeutet auch, die Absicht der Autoren ernst zu nehmen und an ihnen nicht vorbeizugehen. Dazu gehört natürlich auch, ernst zu nehmen, daß wir eben nicht ein Evangelium, sondern insgesamt vier haben, die, wenn man sie im Wortlaut miteinander vergleicht, nicht zu harmonisieren sind.

Ich habe schon manches Mal erlebt, daß diese Beobachtung Leute geradezu zum Protest veranlaßt hat: Ich will nicht wahrhaben, daß das so ist. – Aber das gehört zur geschichtlichen Gestalt des Wortes Gottes. Es gehört auch zur Ehrfurcht vor dem Wort Gottes, das zur Kenntnis zu nehmen und anzunehmen. Man kann darüber nachdenken, warum das so ist und welche Zielsetzung damit verbunden ist. Doch das würde jetzt zu weit führen. Noch einmal mein Punkt an dieser Stelle: Wir fragen nach der geschichtlichen Gestalt des Wortes Gottes.

Ein vierter Grundsatz: Wir fragen nach dem Wort Gottes für uns heute. Die Bibel ist kein in der Geschichte erstarrtes Buch, sondern Gottes lebendiges Wort. Wie kann das, was damals gesprochen hat, heute wieder sprechen? Ich kenne nur einen Weg: indem Christus als die Mitte der Schrift uns heute anspricht. Er ist der Schlüssel zur Schrift, und er ist der heute lebendige Herr.

Weil Christus die Mitte ist, darum darf die Bibel nicht beliebig zitiert werden. Ihre Teile haben unterschiedliches Gewicht. Das Buch der Richter hat nicht das Gewicht wie die Apostelgeschichte des Lukas. Die Sprüche sind gut und nützlich zu bedenken, aber sie haben nicht das Gewicht der Bergpredigt. Das Hohelied ist ein ergreifendes Liebeslied über die Liebe zwischen Mann und Frau, aber es steht doch nicht auf der

Stufe wie 1. Korinther 13: das Lied von der Liebe Gottes.

Christus als Mitte der Schrift rückt auch das in den Mittelpunkt, was heute gilt, was uns angeht. Weil Christus die Mitte ist, bereitet die Geschichte des Alten Testamentes Gottes Heilshandeln vor. Der Opferkult des Alten Testamentes weist auf das Opfer Christi hin. Das Königtum des Alten Testamentes weist auf die Königsherrschaft Christi hin. Das Prophetentum des Alten Testamentes weist auf Jesus als den Offenbarer hin.

Weil Christus die Mitte ist, müssen die Weisungen des Alten Testamentes an den Weisungen Jesu geprüft werden. Man kann schon im Neuen Testament beobachten, was dabei herauskommt. Zum Kultgesetz zum Beispiel. Dazu schreibt der Hebräerbrief: Das ist alt und abgetan; das ist vorbei. – Warum? Weil das Opfer Jesu Christi jegliches Opfergeschehen „zu den Akten gelegt" hat. Alt und abgetan! (Hebräer 8).

Oder die Rachepsalmen – kann man die beten? Wenn man mit einem Menschen eine wirklich handfeste Auseinandersetzung gehabt hat und beleidigt worden ist – kann man sich so psychisch abreagieren? Ich möchte das verneinen. Die Rachepsalmen müssen an Christus und seinen Worten vorbei. Dann steht dieses Wort im Raum: „Tut wohl denen, die euch hassen; segnet, die euch verfluchen; bittet für die, die euch beleidigen" (Lk 6,27.28).

Auch die Zehn Gebote müssen an Christus vorbei. Wir stellen fest: Sie stehen auch in seiner Verkündigung im Zentrum der ethischen Unterweisung. Weil Christus die Mitte ist, darum ist gesetzliche Buchstabenfrömmigkeit kein gangbarer Weg. Jesus hat darüber sehr harte Worte gesprochen – sie stehen im Matthäus-Evangelium Kapitel 23 –; Worte über die

Schriftgelehrten und Pharisäer. Paulus hat geradezu einen Fluch ausgesprochen: über alle, die ihr Heil in gesetzlicher Frömmigkeit suchen; wer Evangelium anders predigt, als wir es euch gepredigt haben, nämlich als eine Botschaft, die rettet, ohne Werke des Gesetzes. Wer es anders predigt – anathema –, der sei verflucht! (Gal 1,6-10).

Weil Christus die Mitte ist, hat dieser lebendige Herr über unser ganzes Leben zu bestimmen. Die Verse aus Römer 14 sind eben kein Beerdigungstext, sondern ein Wort für das Leben: „Leben wir, so leben wir dem Herrn. Sterben wir, so sterben wir dem Herrn. Darum wir leben oder sterben, so sind wir des Herrn" (Römer 14,8).

Weil die Bibel diese Mitte hat, darum muß sie von dieser Mitte her ausgelegt werden und führt uns wieder zu dieser Mitte hin: zu dem lebendigen Herrn Jesus Christus.

Nun zum Schluß die versprochene Probe aufs Exempel. Ich komme zurück auf Eugen Drewermann, und zwar auf seine Deutung der Geburtsgeschichte in der Überlieferung des Matthäus-Evangeliums nach Matthäus 1,18 bis 25. Darin kann man folgendes lesen:

„Die jungfräuliche Geburt ist ein mythisches Symbol; ein Wunder der Seele, nicht des Leibes, eine Wandlung und Verjüngung des Bewußtseins, keine äußere Begebenheit."[14]

Wie ist das im einzelnen gedacht? So denkt Drewermann sich das: Jungfrauengeburt ist ein mythisches Symbol für die Sehnsucht der Seele nach einem zweckfreien Leben; nach einem Leben, das nicht leistungsorientiert ist, nach einem Leben, das dem Leben des Kindes gleicht – unreflektiert, empfangend, beschenkt. Drewermann sagt: Diese Sehnsucht in uns nach einem solchen geschenkhaften Leben kommt jungfräulich zur Welt – nicht erzeugt, nicht gemacht, nicht bewirkt, sondern solch ein Leben wächst aus der Tiefe der Seele buchstäblich wie von selbst: jungfräulich.

Diesem jungfräulich wachsenden Leben steht die Gestalt des Josef gegenüber. Er ist ein Symbol für Rationalität, für Macher-Mentalität, für Planung. Er schämt sich dessen, was da wird, und möchte sich heimlich davon trennen. Das ist auch in uns: die *ratio*, die Vernunft, die das Kind nicht zum Leben kommen lassen will. Ich zitiere wörtlich:

„So widersprüchlich beginnt fast regelmäßig im Menschen das eigentliche Leben. Man weiß, daß man es dringend braucht, und sehnt es von Herzen herbei, aber dann, wenn es beginnen könnte, weist man es voller Angst um den guten Ruf zurück und hält es aus Sorge um den bisherigen so vernünftigen Standpunkt sogleich von sich fern. In dem Bild des jungfräulich geborenen Kindes lebt alles, was man im Grunde sein möchte: Freisein und Spielen, Reifen und Träumen, Daseindürfen und Vertrauendürfen. Aber gerade davor schreckt man in Wahrheit am meisten zurück."[15]

Ist hier Christus die Mitte der Schrift? Er, der lebendige Herr, Gottes Sohn? Die beiden katholischen Exegeten Lohfink und Pesch schreiben: „Die neutestamentlichen Texte sagen das nicht. Für sie ist das Wunder durch Gottes Handeln konstituiert, und zwar durch sein Handeln in der Geschichte."[16]

Bei Drewermanns Deutung ist Gottes Eingriff in die Geschichte, sein Reden aufgegeben. Geblieben ist das Menschenwort als Ausdruck seelischer Empfindungen. Seelische Empfindungen sind wichtig; das ist gar nicht zu vernachlässigen. Die Frage ist nur, ob die Bibel als Einheit von Gottes Wort im Menschenwort von diesen seelischen Regungen oder von etwas anderem redet. Meine Behauptung ist: Bei Drewermann ist die Einheit von Gottes Wort im Menschenwort zugunsten der Tiefenpsychologie aufgegeben.

Darum treffen Lohfink und Pesch die Sache, wenn sie schreiben:

„Eine umstürzend neue Theologie? Neu ist, abgesehen von Erkenntnissen der Tiefenpsychologie, nichts – jedenfalls keine theologische Aussage. Im Gegenteil: Aufs ganze gesehen ist die Theologie verabschiedet. Sie hat zugunsten einer Religiosität abgedankt, die sich mit der Tiefenpsychologie zu einer modernen Gnosis verbündet. Dabei ist Drewermann ein Magier des Wortes, das traumhaft hingesetzt wird und nicht selten verschiedenartige Verständnisse zuläßt. Doch die Richtung führt weit weg von der Schrift und von der Tradition der Kirche."[17]

Deswegen bleibt uns kein anderer Weg als der des Betens um Erleuchtung durch Gottes Geist, des gemeinsamen Hörens in der Gemeinschaft der Glaubenden, der geschichtlichen Nachfrage und der Orientierung an Christus als Mitte der Schrift. Wo wir der Bibel so begegnen, erweist sie sich, wie die Reformatoren sagen, als *viva vox evangelii,* als das lebendige Wort, als die lebendige Stimme des Evangeliums, erweist sie sich als Gottes lebendiges Wort heute.

4. Die Bibel als Grundlage der Ethik

oder: Wie wir mit der Bibel im Alltag
umgehen können

Wir haben uns ein schwieriges Thema vorgenommen. Wir wollen das Feld der Ethik miteinander überqueren. Es ist deswegen ein schwieriges Thema, weil der Alltag der christlichen Ethik schwierige Fragen stellt; Fragen aus den Bereichen der Familie, der Schule und Universität, der Banken und Betriebe, der Politik im Inneren und im Äußeren.

Um die Schwierigkeiten zu demonstrieren, greife ich auf ein Bändchen zurück, das ich immer wieder mit großer Freude lese; es stammt von Helmut Thielicke und heißt „Leiden an der Kirche".[18] In diesem Bändchen, in dem Helmut Thielicke sich alles von der Seele geschrieben hat, was ihm Kummer bereitet, wenn er christliche Kirche erlebt, erwähnt er eine Begebenheit, die das demonstrieren kann, was ich eben betont habe: daß der Alltag der christlichen Ethik schwierige Fragen stellt. Thielicke berichtet von einem Gottesdienst; Thema der Predigt: Lukas 10, der barmherzige Samariter. Eine sehr anschauliche Predigt.

Der Prediger hat sich einiges einfallen lassen; er mischt viele Farben, erzählt von der Nächstenliebe und davon, wie schön es ist, wenn man einer alten Frau, die bettlägerig ist, aus der Bibel vorliest, und wenn man einem alten Mann, dem die Frau gestorben ist, beim Einkaufen hilft – und so weiter. Es gibt also viele Farben für das Ausmalen der Nächstenliebe. Dann ist die Predigt zu Ende, der Gottesdienst vorbei, und der Prediger ist in der Sakristei. Auf einmal klopft es, und es kommt jemand in die Sakristei und sagt: Ich habe noch eine Frage, Herr Pfarrer. – Dieser Jemand, so stellt sich heraus, ist ein junger Unternehmer. Er sagt: Ich habe Ihnen gern zugehört. Es war eine anschauliche Rede, die Sie gehalten haben, aber sie hatte den Nachteil: Ich kam in ihr überhaupt nicht vor. Ich bin junger Unternehmer, dynamisch, einfallsreich. Das, was Sie von Nächstenliebe erzählt haben, denke ich, versteht sich von selbst. Wenn man ein einigermaßen mitfühlender Mensch ist, macht man das ohnehin: Man liest einem Kranken aus einem guten Buch vor, und man hilft auch jemandem beim Einkaufen, der allein nicht zurechtkommt.

Mein Problem als junger Unternehmer ist ein ganz anderes. Wie gesagt, ich bin einfallsreich und dynamisch, tüchtig und mein Betrieb floriert. In dem Maße, wie mein Betrieb floriert, geht der meines Konkurrenten zurück. Der ist nicht so gut wie ich, hat nicht so viele Einfälle, kein richtiges Management. Je mehr ich „aufdrehe", um so mehr gefährde ich seine Existenz. Nun haben Sie von der Nächstenliebe gepredigt. Sagen Sie mir bitte, Herr Pfarrer: Was heißt es, daß ich diesen meinen Nächsten, den anderen Unternehmer, lieben soll. Soll ich sozusagen als guter Unternehmer nur „mit halbem Dampf" fahren, damit er leben kann? Und wenn ich mich dazu entschließe: Was bedeutet das für meine Angestellten und Arbeiter? Vielleicht gefährde ich damit sogar die Existenz meines Betriebes; denn es gibt ja noch andere Konkurrenten. Also bitte: Was heißt hier, daß ich als Unternehmer meinen Nächsten lieben soll?

Das ist eine schwierige Frage. Ich habe nicht die Absicht, darauf eine leichte Antwort zu geben. Schwierige Fragen erfordern einen schwierigen Prozeß des Nachdenkens. In den möchte ich Sie mit hineinnehmen. Ich stelle schrittweise fünf Überlegungen an, die jeweils mit einem Satz beschrieben werden.

Meine erste Überlegung: Wer mit der Bibel im Alltag umgehen will, muß die Bibel kennen. Das ist sicherlich für diejenigen, die von Kindheit an in der Bibel unterwiesen worden sind, eine Selbstverständlichkeit. Menschen mit diesem Hintergrund bringen ein hohes Maß an biblischem Wissen mit; freilich oft nur Übernommenes, noch nicht selbst Angeeignetes und darum manchmal auch Fremdes.

Wer erst als Heranwachsender oder als Erwachsener zum Glauben an Christus gekommen ist, der muß in Sachen Bibelkenntnis viel aufarbeiten. Ich begegne ständig im Theologischen Seminar Studienanfängern, die solch eine Lebensgeschichte hinter sich haben. Das Wort eines dieser Studienanfänger mag für andere stehen. Wir erwarten vor Studienbeginn von jedem, daß er sich ein bestimmtes Pensum von Bibelkenntnissen angeeignet hat. Wir erwarten auch, daß in dem Zusammenhang Bibelverse auswendiggelernt werden. Mancher lernt dadurch zum erstenmal in seinem Leben Bibelverse. Predigt, Bibelarbeit in der Jugendgruppe und Bibel-Gesprächskreise können dieses Defizit nicht beheben.

Wer mit der Bibel im Alltag leben will und sie kennenlernen muß, um damit leben zu können, der braucht einen anderen Weg. Ich meine das Kennenlernen der Bibel in der sogenannten „Stillen Zeit": jener Zeit, mit der man den Tag beginnen oder beschließen kann; einer Zeit, in der nichts anderes stören soll und wir uns darauf konzentrieren, die Bibel zu lesen und mit Gott zu sprechen. Am besten ist es natürlich, den Tag damit zu beginnen, weil dann die Muster des Tages durch das Wort Gottes und durch das Gebet geformt werden können. Aber je nach dem, wie früh dieser Tag beginnt, ist das für manchen eine Zumutung; er ist noch gar nicht richtig wach. Und nur pro forma die Bibel zu lesen, damit man es getan hat, führt nicht zu dem gewünschten Ergebnis.

Ich weiß aus manchen Gesprächen, daß viele Menschen – ob aus christlicher Tradition oder nicht – mit dieser „Stillen Zeit" ihre Schwierigkeiten haben. Diese Schwierigkeiten hängen damit zusammen, daß die Erwartung geweckt wird: Wenn man am Beginn oder am Ende des Tages ein Wort der Bibel liest, spricht mich das in jedem Fall persönlich an. Die Schwierigkeiten mit dieser „Stillen Zeit" entstehen, wenn man über längere Zeiten einmal die Bibel gelesen, aber nichts angesprochen hat. Ich denke, der entscheidende Fehler besteht darin, daß man die Bibel als Erbauungsbuch betrachtet. Das will sie von Zeit zu Zeit auch sein; sie will uns auch persönlich ansprechen. Aber es gibt Zeiten, in denen sie nichts anderes als ein Buch sein will, in dem wir die Gedanken Gottes kennenlernen – über uns und über die Welt. Manchmal hat das gar keinen erbaulichen Charakter.

Ich meine also, die „Stille Zeit" ist eine hervorragende Gelegenheit, um die Bibel systematisch zu lesen und kennenzulernen. Der Ertrag eines solchen Lernens ist erheblich. Wer das tut, legt einen Vorrat für Zeiten eigener Lebens- und Todesnot an.

Ich habe kürzlich meine Schwiegermutter im Krankenhaus besucht. Sie hatte eine Operation hinter sich, ist gut genesen und inzwischen aus dem Krankenhaus entlassen. 91 Jahre. Ich habe mit ihr einige Zeit im Krankenzimmer verbracht. Sie hat gesagt: „Was ist das für ein Schatz. Ich liege nachts oft wach. Aber das sind keine schlimmen Zeiten. Dann kommt mir all das zum Bewußtsein, was ich gelernt habe: Psalmen, andere Bibelverse, Lieder." Ein Schatz für Lebens- und Todesnot.

Ich habe meinen Schwiegervater bis zu dem Zeitpunkt begleitet, an dem er die Augen schloß. Dabei habe ich gemerkt, wie wenig eigene Worte in solcher Todesnot tragen, wie sehr aber die Worte der Heiligen Schrift trösten. Wer die Chance verpaßt, bei guter Gesundheit und klarem Verstand die Bibel zu lesen und zu lernen, weiß nicht, was er sich selbst antut. Er versäumt, einen Vorrat für schwierige Zeiten des Lebens anzulegen.

Oft geht es nicht nur um die Schwierigkeiten im eigenen Leben, sondern auch um die Schwierigkeiten im Leben anderer Menschen und um das Gespräch mit ihnen. Wohl dem, der dann ein solides Fundament hat, auf das er zurückgreifen kann – auf Worte, die tragen, die wahr sind, anders wahr als menschliche Worte. Wer in dieser Weise die Bibel kennenlernt, um im Alltag mit ihr zu leben, dessen Leben wird mehr und mehr von biblischen Denkmustern bestimmt. Sie werden gegenwärtig sein, wenn ethische Entscheidungen zu treffen sind. Er muß sie nicht irgendwo nachschlagen – in einem Lexikon, in einer Konkordanz –, sondern sie werden sein Denken geprägt haben, und er wird spontan darauf reagieren können.

Darum noch einmal meine erste Überlegung: Wer im Alltag mit der Bibel umgehen will, muß die Bibel kennenlernen.

Meine zweite Überlegung: Wer die Bibel kennenlernt, findet in ihr kein ethisches Gesetzbuch. Das ist jetzt ein wichtiger Schritt, bei dem ich hoffe, Sie mitnehmen zu können, und bei dem ich darauf vertraue, daß Sie ihn nachvollziehen können. Wer die Bibel kennenlernt, findet in ihr kein ethisches Gesetzbuch. Das wünschen sich manche. So möchten manche gern auch die Bibel handhaben. Sie fragen: Was sagt die Bibel z.B. zum Eid, zur Ehescheidung, zum Eigentum, zum Staat? Und sie verknüpfen mit der Frage die Erwartung, daß jemand, der die Bibel gut kennt, ihnen ein paar Zitate an die Hand geben kann, und dann wären die ethischen Fragen geklärt.

Manchmal kann diese Art der Frage auch auf die Spitze getrieben werden. Junge Leute lieben die Provokation. Sie fragen: Wo steht denn eigentlich in der Bibel geschrieben, daß man vor der Ehe nicht zusammen schlafen darf? – Sie wissen natürlich genau, daß das so wohl kaum in der Bibel zu lesen ist, und sind auf dem gleichen Denkweg: Was in der Bibel nicht ausdrücklich geschrieben steht, das ist frei, meiner eigenen Disposition überlassen. Da kann ich tun und lassen, was ich will. Das ist „Gesetzbuch-Mentalität."

Ich will es an einem Beispiel verdeutlichen. Es wird gefragt: Was sagt die Bibel eigentlich zur Stellung der Frau in der Gemeinde? – Sofort schießt es einigen durch den Kopf: Ganz klar, „das Weib schweige in der Gemeinde" (1. Korinther 14,33). Ich habe eine Delegiertenversammlung dieses Bundes erlebt, wo das genauso passiert ist, wie ich es Ihnen hier erzähle. Es wagte einer bescheiden zu fragen, ob nicht vielleicht doch die Frauen in den Entscheidungsgremien unseres Bundes und in der öffentlichen Rede anders berücksichtigt werden müßten. Sofort stand jemand auf und sagte: Wir können uns die ganze Diskussion sparen. Der Fall ist klar: 1. Korinther 14,33.

Wer die Bibel kennenlernt, findet in ihr dieses erwünschte Gesetzbuch nicht, sondern er findet Gottes Wort im Wort von Menschen. Ich habe beschrieben, was das bedeutet. Es bedeutet, daß das Wort Gottes in die Geschichte eingeht, in bestimmte Situationen eingeht, geschichtlichen Charakter annimmt. Darum sind manche Aussagen der Bibel situationsbezogene Aussagen – wie jene gerade zitierte aus 1. Korinther 14,33.

Wer sich in diese Situation hineinbegibt und den 1. Korintherbrief im Zusammenhang liest, der stellt zum Beispiel in Kapitel 11 fest, daß der Apostel Paulus überhaupt kein Problem damit hat, daß Frauen öffentlich reden und beten. Er möchte nur, daß sie sich der Sitte der Zeit entsprechend kleiden und dementsprechend auftreten. Aber reden dürfen sie – ganz selbstverständlich. Wieso dann diese merkwürdige Weisung in Kapitel 14 an dieselbe Gemeinde?

Das Kapitel 14 behandelt die Ordnung im Gottesdienst. Dieser Gottesdienst in Korinth muß einigermaßen chaotisch gewesen sein. Propheten und Zungenredner redeten durcheinander, und der Apostel Paulus hatte alle Mühe, die Dinge einigermaßen zu ordnen, damit jene, die als Besucher in den Gottesdienst kamen, nicht dachten: Wir sind unter Verrückte geraten. Das steht dort ausdrücklich so. Zu all diesem Durcheinander kam hinzu, daß Frauen dazwischenfragten – entgegen der Sitte der Zeit –, wenn sie irgend etwas nicht verstanden hatten oder wenn ihnen irgend etwas nicht paßte. Auf dieses konkrete Durcheinander in Korinth hin entscheidet der Apostel: Die Frauen schweigen in der Gemeinde, und wenn sie etwas lernen wollen, sollen sie zu Hause ihre Männer fragen – fertig. Wer daraus einen Grundsatz für alle Zeiten als maßgebendes Wort der Bibel macht, der hat ihre Geschichtsbezogenheit nicht verstanden.

Wer die Bibel kennenlernt, wird von Gottes Geist auf die Mitte der Schrift geleitet: auf Christus. Und er lernt bei Christus, Männer und Frauen in ihrer Beziehung zueinander in einem völlig neuen Licht zu sehen, so daß dieser Apostel Paulus in seinem Brief an die Galater schreiben konnte: Dort ist nicht Mann noch Frau, sondern allzumal einer in Christus (Gal 3,28). Diese Wert- und Rangunterschiede passen nicht zu dem, der als Erlöser von Männern und Frauen gekommen ist.

Wer die Bibel kennenlernt, findet in der Schrift selbst, wie diese Mitte Christus zum Maßstab der Einzelaussagen wird: Jesus greift auf Aussagen des Alten Testamentes zurück und kann sagen: Ich aber sage euch. Wer die Bibel kennenlernt, der versteht unter dieser Voraussetzung, daß Bibelzitate zu falschen Aussagen werden, wenn sie nicht auf die Mitte bezogen sind. Das ist die Ursache für die vielen Sekten, die alle die Bibel in dem Sinn auf ihrer Seite haben, daß sie Bibelverse zitieren können. Aber sie haben die Mitte nicht auf ihrer Seite.

Wer die Bibel kennenlernt, entdeckt, wie Jesus selbst die Grundmuster menschlichen Lebens anhand der Zehn Gebote beschreibt und diese für seine Jünger verbindlich macht. Es ist also notwendig, wenn man die Bibel kennenlernen will, sie selbst zu verstehen. Sie begegnet uns nicht als Gesetzbuch mit einfachen Lösungen, sondern als Gottes Wort, wiedergegeben in Worten von Menschen, situations- und geschichtsbezogen und mit einer Mitte, die Christus heißt.

Meine dritte Überlegung: Wenn wir die Bibel von dieser Mitte – Christus – aus verstehen, ist das durchgängige Thema der Bibel die Aufrichtung der Herrschaft Gottes. Das ist das Anliegen. Diese Botschaft von der Herrschaft Gottes ist zentral für die Verkündigung Jesu. So beginnt das Markus-Evangelium nach einleitenden Bemerkungen in Kapitel 1,14 und 15: „Die Herrschaft Gottes ist nahe herbeigekommen. Tut Buße und glaubt an das Evangelium."

Im Namen dieser Gottesherrschaft sendet Jesus seine Jünger aus: „Das Himmelreich ist nahe herbeigekommen" (Mt 10,7). Sie kennen die wunderbar plastischen Gleichnisse Jesu, wie sie in Matthäus 13 aufgezeichnet sind, die alle dieses Wesen der Gottesherrschaft beschreiben: „Das Himmelreich ist gleich ..." So werden sie eingeleitet.

Viele Worte Jesu beschreiben die Gottesherrschaft als etwas Zukünftiges, aber nahe Bevorstehendes. Solche Worte sind für Jesus nicht charakteristisch; sie gab es im Judentum damals und auch bei Johannes dem Täufer. Charakteristisch für Jesus ist der Anspruch, daß die Gottesherrschaft in seinem Leben und Wirken beginnt.

Ein Schlüsselwort in diesem Zusammenhang ist Lukas 17,20. Leider ist in den alten Luther-Übersetzungen dieses Schlüsselwort irreführend übersetzt. Ich nenne die irreführende Übersetzung zunächst, um dann zu sagen, was gemeint ist. In den alten Luther-Übersetzungen ist zu lesen: „Das Reich Gottes ist inwendig in euch." Das erweckt den Eindruck, als sei die Botschaft von der Gottesherrschaft etwas für die Seele des Menschen, für sein Herz, für seine persönliche Erbauung, für das, was tief in uns verschlossen werden kann. Was aber im Griechischen steht, meint etwas anderes. Nicht „Die Gottesherrschaft ist inwendig in euch", sondern Jesus sagt seinen Jüngern und denen, die zuhören, seinen Gegnern: „Die Gottesherrschaft ist in eurer Mitte, mitten unter euch." Er meint damit: Da, wo ich bin, wo ich predige, wo ich Kranke heile, wo ich Dämonen austreibe, da ist Gottes Herrschaft angebrochen.

Das ist das Besondere an der Botschaft Jesu von der Herrschaft Gottes. In seinem Wirken, in seinem Leiden und Sterben ist Gott bei den Menschen, herrscht Gott. Durch ihn wird das Verhältnis zwischen Gott und Mensch heil. Darum beginnt die Herrschaft Gottes im Wirken Jesu Christi.

Nun möchte ich diese Botschaft von der Gottesherrschaft auf die Ethik anwenden.[19] Sie hat einen Bezug zur Ethik. Denn *die Herrschaft Gottes ist die Herrschaft des Schöpfers dieser Welt. Er will, daß diese Welt trotz
menschlicher Sünde erhalten bleibt.* Manche Bereiche unseres Lebens sind durch den Schöpfer geordnet, zum
Beispiel die Geschlechtlichkeit, die Ehe, die Familie,
die Arbeit. Die beiden ersten Kapitel des 1. Buches
Mose lassen das erkennen. Diese Grundordnungen
sind dem Menschen als Geschöpf Gottes mitgegeben.
Er findet sich in ihnen vor. Daß ein Mann und eine
Frau Gemeinschaft auf allen Gebieten ein Leben lang
haben sollen, ist die Grundordnung der Ehe, auf die
sich Jesus beim Thema Ehescheidung ausdrücklich be-
ruft (vgl. Mt 19,3–6).

Was in der Schöpfung begründet ist, gehört wesen-
haft zum Menschsein. Es betrifft alle Menschen, unabhängig von ihren weltanschaulichen und religiösen
Überzeugungen. Niemand kann die Grundordnungen der Schöpfung außer Kraft setzen. Freilich versuchen immer wieder Menschen, sich ihnen zu entzie-
hen, weil sie Gott als den Schöpfer nicht anerkennen;
aber das hat verheerende Folgen für den einzelnen und
für die Gesellschaft. Wo die Ordnungen der Gesellschaft in Frage gestellt werden, ist das Menschsein des
Menschen in Frage gestellt. Gott will nicht, daß diese
Welt an der Auflehnung des Menschen gegen ihn
zugrundegeht. Deswegen ist es die Aufgabe der
Gemeinde Jesu Christi, dafür einzutreten, daß die
Grundordnung der Schöpfung von allen Menschen
beachtet wird.

*Die Herrschaft Gottes ist die Herrschaft Jahwes, der sich Is-
rael zu seinem Volk erwählt hat und will, daß sein Volk nach
seinen Geboten lebt.* Darum hat er diesem Volk seinen
Willen offenbart. Wir finden den Willen Gottes, des

Erlösers des Volkes Israel, in den Zehn Geboten. Jesus hat sich ausdrücklich zu dieser Grundordnung bekannt. Die christliche Gemeinde hat die Zehn Gebote als Weisung Gottes für das Handeln angesehen; denn sie verstand sich als das Volk des Neuen Bundes. Darum sind die Zehn Gebote Grundlage der Katechismen in allen christlichen Kirchen geworden. Sie beschreiben sozusagen den Lebensraum, die Lebensführung der Gemeinde Jesu Christi.

Strittig ist, ob die Zehn Gebote auch als Grundwerte der Gesellschaft allgemein gelten können. 1979 haben sich der Rat der Evangelischen Kirche in Deutschland und die Katholische Bischofskonferenz in diesem Sinne ausgesprochen und haben den Politikern unseres Landes empfohlen, sich bei ihren Überlegungen zu den Grundwerten der Gesellschaft nach wie vor an den Zehn Geboten zu orientieren, vor allen Dingen an der „zweiten Tafel": Du sollst nicht töten; du sollst nicht stehlen; du sollst nicht ehebrechen; du sollst nicht begehren … Sie waren damit in Übereinstimmung mit Dietrich Bonhoeffer, der in seiner „Ethik" geschrieben hat: „Die Nichtbeachtung der zweiten Tafel der Zehn Gebote zerstört das Leben selbst, das die Obrigkeit erhalten soll. So führt der Auftrag, das Leben zu schützen, rechtverstanden zur Wahrung der zweiten Tafel."[20]

Wenn die Gemeinde Jesu Christi das verstanden hat, wird sie sich in der öffentlichen Diskussion, in der politischen Meinungsbildung dafür einsetzen, daß die Parlamentarier sich an Grundwerten orientieren, die in dieser Offenbarung Gottes festgelegt sind. In unserem Grundgesetz sind diese Grundwerte ohnehin verankert. Aber Sie wissen so gut wie ich, daß es an bestimmten Punkten immer wieder Überlegungen gibt, ob nicht z.B. im Blick auf die Ehe Änderungen nötig wären.

Die Gottesherrschaft findet darin ihren stärksten Ausdruck, daß Gott die Welt durch Jesus Christus mit sich versöhnt hat. Er will, daß die Menschen als Versöhnte miteinander leben. Das ist vor allen Dingen für die Lebensführung der Gemeinde Jesu Christi wichtig. Die sogenannten Antithesen der Bergpredigt Jesu zeigen das: „Ihr habt gehört, daß gesagt ist: Du sollst deinen Nächsten lieben und deinen Feind hassen. Ich aber sage euch: Liebt eure Feinde, tut wohl denen, die euch hassen, bittet für die, die euch beleidigen, segnet die, die euch verfolgen" (Mt 5,43f).

Das sind Sätze des Neuen Testamentes, die wir sehr gut kennen, mit denen wir uns aber im Alltag unendlich schwertun. Das sind Sätze, die von den Aposteln aufgegriffen worden sind. Man kann ähnliches im Römerbrief finden: „Laß dich nicht vom Bösen überwinden, sondern überwinde das Böse mit Gutem" (Röm 12,21).

Ich habe gelegentlich über diese Verse gesprochen. Hinterher kamen Leute zu mir, die sagten: Sie wissen nicht, was Sie sagen. Das kann man nicht leben. Nein, das kann man auch nicht leben; das ist keine menschliche Grundordnung, und das ist von Menschen, die von Sünde geprägt sind, überhaupt nicht zu leben. Wer das leben will, muß selbst von der Liebe Christi ergriffen sein. Nur wer von dieser Liebe ergriffen ist, wer in die Bewegung der Liebe Gottes durch Jesus Christus hineingenommen ist, der kann das leben. Das ist aber auch das Lebensprogramm für die Gemeinde Jesu Christi. Es ist ganz klar, welche Voraussetzung damit verbunden ist. Nur wer selbst die Versöhnung durch Jesus Christus angenommen hat, davon zutiefst betroffen ist, kann mit anderen versöhnt leben.

Darum hatte Franz Alt unrecht, als er schrieb, die Bergpredigt sei ein politisches Programm und der

Friede sei möglich;[21] man müsse das den Leuten nur plausibel machen. Das ist eine völlige Unterschätzung dessen, was Sünde bedeutet. Mit Plausibelmachen ist überhaupt nichts gewonnen. Liebe ist immer Antwort auf empfangene Liebe. Wer selbst arm an Liebe und bitter vor Haß ist, der ist nicht frei zur Versöhnung.

Gottes Herrschaft geschieht heute durch das Wirken des Heiligen Geistes. Gott will, daß seine Gemeinde sich von ihm führen läßt. Es gibt viele Fragen, die uns heute bedrängen, die in der Bibel nicht behandelt sind. Das Problem des Kaufmanns, von dem ich eingangs sprach und den Helmut Thielicke erwähnte, ist so in der Bibel nicht behandelt. Er fragt schlicht nach der Gültigkeit des Konkurrenzgesetzes, nach seinem Recht, seinem Wert und was es mit Liebe zu tun hat.

Andere Fragen, die uns bedrängen, nach Rationalisierung, Arbeitslosigkeit, Weltwirtschaftsordnung, Umweltschutz sind in der Bibel direkt nicht beantwortet. Das bedeutet nicht, daß wir in diesen Bereichen frei wären, zu tun und zu lassen, was wir wollen. Es kommt vielmehr darauf an, durch betendes Nachdenken zu erkennen, was sich aus den Ordnungen der Schöpfung, aus den Zehn Geboten, aus den Weisungen Jesu Christi auch für diese Bereiche ergibt. Jesus hat seinem Jüngerkreis die Verheißung gegeben, daß Gottes Geist bei diesem betenden Nachdenken leiten und Ergebnisse bewirken will, mit denen man im Alltag leben kann.

Daraus ergibt sich die vierte Überlegung. Das Thema der Gottesherrschaft, das wir in der Bibel finden, hilft uns, ethische Denkmodelle daraufhin zu prüfen, ob sie tragfähig sind und ob sie der biblischen Botschaft entsprechen. Ich möchte jetzt ein ethisches Denkmodell darstellen, von dem ich überzeugt bin, daß es der biblischen Botschaft nicht entspricht und daß es nicht tragfähig ist. Dann möchte ich drei ethische Denkmodelle beschreiben, die nach meiner Meinung der biblischen Botschaft entsprechen und tragfähig sind.

Das Denkmodell, das ich nicht für tragfähig halte, ist das der Situationsethik. Ich will präzisieren, was ich damit meine. Dieses Denkmodell ist durch den anglikanischen Bischof John A.T. Robinson mit seinem Buch „Gott ist anders – Honest to God" populär geworden, das in den sechziger Jahren ein Bestseller war.[22] In diesem Buch hat Robinson drei Theologen journalistisch ausgewertet: Dietrich Bonhoeffer, Rudolf Bultmann und Paul Tillich.

Von Dietrich Bonhoeffer hat er die These übernommen, daß die moderne Welt eine nichtreligiöse Welt sein wird und daß es darauf ankomme, in dieser Welt den christlichen Glauben nicht religiös zu interpretieren. Von Rudolf Bultmann hat er das Programm der Entmythologisierung übernommen und es nun auf die Gotteslehre angewandt. Bultmann sei eigentlich nicht weit genug gegangen. Er rede immer noch von Gott als einem Gegenüber, als einem Du. Wenn man konsequent denke, könne man von Gott als einem Gegenüber außerhalb dieser Welt überhaupt nicht mehr sprechen, man müsse vielmehr wie Paul Tillich von Gott als der Tiefe des Seins reden. Gott: ein Name, eine Chiffre für das, was mich unbedingt angeht, was mich betrifft.

Es ist klar: Wenn man so grundstürzende Ideen über die Rede von Gott denkt, hat das Folgen für die Ethik. Darum ist das sechste Kapitel in jenem Buch dem Thema der Ethik gewidmet. John A.T. Robinson schreibt: Wer Gott nur noch als die Tiefe des Seins versteht – das, was mich unbedingt angeht –, der kann natürlich nicht mehr von Geboten Gottes reden. Es ist ja niemand da, der Gebote geben könnte. „Geboten ist nichts", überschreibt Robinson dieses Kapitel, „als Liebe".[23] Was Liebe jeweils heißt, das müsse sich der einzelne in der Situation selbst klarmachen.

Wie gesagt, damit ist die Situationsethik angeregt worden, und der Harvard-Professor für Sozialethik, Joseph Fletcher, hat die Situationsethik zu einem ethischen Konzept ausgebaut. So heißt im Englischen auch der Titel seines Buches „Situations Ethics".[24] Darin vertritt er diese These von John A. T. Robinson und untermauert sie durch viele Beobachtungen. Es gibt überhaupt kein festes Gebot – außer dem einen: Liebe deinen Nächsten. „Geboten ist nichts als Liebe." Und was das heißt, darf, muß, soll sich der einzelne jeweils selbst sagen und klarmachen. Eine Orientierung gibt es für ihn nicht.

Ich behaupte, dieses ethische Konzept ist nicht gedeckt durch die biblische Botschaft; denn dieses ethische Konzept bestreitet alle dem Menschen vorgegebenen Ordnungen und Normen – außer der einen: Geboten ist nichts als Liebe. Das widerspricht eindeutig den ethischen Maßstäben, die die Bibel enthält. Es widerspricht eindeutig der Botschaft von der Gottesherrschaft. Ich formuliere zugespitzt: Dieses ethische Konzept erinnert an die Schwärmerei der Korinther, gegen die Paulus nachdrücklich kämpfte; die Schwärmerei, die in dem Satz gipfelte: „Mir ist alles erlaubt." (1. Kor 6). Paulus hat dem vehement widersprochen – mit Hinweis auf römisches Recht und alttestamentliches Gebot.

Gott hat es für nötig gehalten, uns nicht nur ein abstraktes Liebesgebot zu geben, sondern durch die Ordnungen der Schöpfung, durch seine Gebote und durch sein Handeln in Jesus Christus uns seinen Willen genau zu beschreiben. Darauf sind wir verpflichtet. Weil ich davon überzeugt bin, darum sage ich: Die Situationsethik ist ein unangemessenes Denkmodell.

Nun zu den drei Denkmodellen, die ich für angemessen halte. Das erste ist das Denkmodell der Zwei-Reiche-Lehre. Dieses geht auf Martin Luther zurück. Er hat es zum erstenmal 1523 biblisch-theologisch begründet.[25] Ich muß jetzt sehr vereinfachen, obwohl darüber dicke Bücher geschrieben worden sind. Dennoch hoffe ich, es so übersichtlich darstellen zu können, daß es verständlich wird.

Luthers Auffassungen lassen sich so zusammenfassen: Gott ist der Herr seiner Gemeinde, und er ist der Herr dieser Welt; er ist schließlich ihr Schöpfer. Das Motiv des Handelns Gottes ist eins: die Liebe. Gott hat nicht zwei Willen; Gott hat nur einen Willen: die Liebe. Aber die Liebe nimmt unterschiedliche Gestalt an – je nach dem Bereich, in dem Gott handelt. In seiner Gemeinde hat Gott mit Menschen zu tun, die ihn als den Herrn anerkennen und an Jesus Christus glauben. Sie können durch Verkündigung, durch Seelsorge und Gebet zum Handeln aus Liebe geführt werden. Sie haben die schenkende Liebe Gottes erfahren und können sie weitergeben; sie können sie auch an ihre Feinde weitergeben.

In der Welt, in dem Gesamtbereich menschlichen Zusammenlebens, hat Gott es mit einer Gesellschaft von Christen und Nichtchristen zu tun. Viele Menschen lehnen ihn als den Herrn dieser Welt ab. Sie verwahren sich dagegen, auf Gebote Jesu – auf das Liebesgebot – oder irgend etwas Christliches verpflichtet zu werden.

Auf welch einer Grundordnung kann eine solche gemischte Gesellschaft beruhen? Luther findet die Antwort im Naturrecht. Er sagt: Dieses Recht ist jedem Geschöpf, ist jedem Menschen – unabhängig von seinem Denken, Fühlen und Wollen – von Natur an mitgegeben. Wenn man ihn daraufhin befragt: Was heißt Naturrecht; was steht denn darin; was gebietet es? – dann kommt er auf die zweite Tafel der Zehn Gebote zu sprechen: Du sollst nicht töten; du sollst nicht stehlen; du sollst nicht ehebrechen; du sollst nicht begehren ...

Luther ist der Auffassung, daß dieses Naturrecht, das die Liebe gebietet, Grundlage der Gesetzgebung, der Rechtsprechung und des Strafvollzugs sein muß. Die Liebe gebietet es dem Christen, sich in der Gesellschaft, in der Christen und Nichtchristen zusammenleben, dafür einzusetzen, daß das Recht des Nächsten gewahrt bleibt – auf dieser Grundordnung.

Dieses Konzept Martin Luthers ist leider in Mißkredit geraten, weil viel Böses damit begründet worden ist; nicht zuletzt die Theologie der „Deutschen Christen" im Dritten Reich. Darum denken manche, dieses Konzept sei zu den Akten zu legen, und wir hätten nichts mehr damit zu tun. Ich bin davon überzeugt: Es geht weder heute noch irgendwann ohne dieses Konzept. Ohne diese Unterscheidung von Gemeinde und Welt und ohne die Tatsache, daß die Liebe unterschiedliche Gestalt annimmt, daß sie schenkende Güte da ist, wo es um den persönlichen Bereich geht, und daß sie die Form des Rechtes da annehmen muß, wo es um öffentliche Verantwortung geht.

Das zweite Denkmodell, das der biblischen Botschaft entspricht, ist das von Karl Barth vertretene. Er hat dieses Denkmodell in seiner Schrift „Christengemeinde und Bürgergemeinde" ausführlich beschrieben.[26] Karl Barth macht es am Bild zweier konzentrischer Kreise deutlich. Er sagt: Der innere Kreis ist die Gemeinde Gottes, die Christengemeinde. Der äußere Kreis symbolisiert die Bürgergemeinde, die Gesellschaft, in der Christen und Nichtchristen zusammenleben. Beide haben als konzentrische Kreise einen Mittelpunkt. Dieser Mittelpunkt ist Jesus Christus. Von dort aus muß alles geklärt werden, was in der Gemeinde Jesu Christi zu geschehen hat und was in der Bürgergemeinde gilt.

Freilich kann man nach Barth nicht einfach Dinge, die für die Christengemeinde gelten, für alle Bürger verbindlich machen. Er ist der Auffassung, daß das, was für die Christengemeinde gilt, sinngemäß – im Gleichnis, sagt er – auf die Bürgergemeinde übertragen werden muß.

Ich will das an einem Beispiel verdeutlichen, das er selbst verwendet. Jesus Christus hat sich den Menschen zugewandt; er ist Mensch geworden, um für die Menschen zu leben, zu leiden und zu sterben. Darum muß in der Christengemeinde der Mensch im Mittelpunkt stehen; der Mensch, der Gottes Ebenbild ist und von Gottes Erbarmen lebt. Wer das begriffen hat, wird sich in der Bürgergemeinde dafür einsetzen, daß eine menschenwürdige Ordnung geschaffen wird; er wird sich für Menschenrechte einsetzen, z.B. für das, was in unserem Grundgesetz in Artikel 1 steht: „Die Würde des Menschen ist unantastbar."

Dieses Denkmodell Barths hat einen großen Vorteil: Es arbeitet nicht mit einer so unscharfen Größe wie der des Naturrechts. Was ist das schon? Es arbeitet mit dem Zentrum Christus, das sich uns in der biblischen Botschaft gezeigt hat. Die Schwäche dieses Denkmodells besteht in der Übertragung von der Christengemeinde auf die Bürgergemeinde. Bei dem von mir erwähnten Beispiel ist das ganz schlüssig. Aber man könnte sich auch ganz andere Übertragungen denken, die Karl Barth nie gedacht hat und die er sich verbeten hätte. Ich versuche das allerdings einmal, um die Schwäche dieses Denkmodells zu zeigen. In der Christengemeinde gibt es nur einen Herrn. Er hat das Sagen. Ihm haben alle zu folgen. Nach dem Prinzip der Analogie könnte man daraus ohne Schwierigkeiten ein Führerprinzip in der Bürgergemeinde ableiten. Es wäre dieselbe Logik.

Deswegen meine ich, die Analogie ist eine Schwäche dieses Systems, wie das Naturrecht die Schwäche des Systems Martin Luthers ist. Wir brauchen schon klarere Definitionen, was in der Gesamtgesellschaft gilt. Es ist klar definiert, was in 1. Mose 1 und 2 als Ordnung der Schöpfung gilt und was in der zweiten Tafel der Zehn Gebote steht: Darum haben die Deutsche Katholische Bischofskonferenz und der Rat der Evangelischen Kirche in Deutschland gut daran getan, den Politikern zu empfehlen, auf diese Grundordnung des Menschseins zu hören. Wir tun gut daran, uns ihnen anzuschließen.

Noch ein drittes Denkmodell will ich kurz streifen. Es geht um das Denkmodell der Koinonia-Ethik. Was ist damit gemeint? Luthers Denkmodell beruht vor allen Dingen auf dem ersten Glaubensartikel: „Ich glaube an Gott, den Schöpfer." Karl Barths Denkmodell beruht vor allen Dingen auf dem zweiten Glaubensartikel: „Ich glaube an Jesus Christus, Gottes eingeborenen Sohn, unsern Herrn." Man könnte einmal überlegen, ob ein biblisches Denkmodell auf den dritten Glaubensartikel zu gründen wäre: „Ich glaube an den Heiligen Geist, die heilige, allgemeine christliche Kirche, die Gemeinschaft der Heiligen." Da haben wir den Begriff: Koinonia.

Dafür spricht die Tatsache, daß im Neuen Testament fast alle ethischen Weisungen im Zusammenhang mit der Gemeinde erteilt werden. Wir machen uns das manchmal nicht bewußt. Zum Beispiel die Ermahnung an Evodia und Syntyche aus Philippi (Phil 4,2.3); zwei Frauen, die mit Paulus zusammengearbeitet haben. Diese Ermahnung der beiden Frauen, Frieden zu halten, hat Paulus nicht in einem Privatbrief übermittelt – sozusagen unter sechs Augen –, er hat vielmehr diese Ermahnung in einen öffentlich verlesenen Gemeindebrief geschrieben. Man kann sich vorstellen, wie den beiden Frauen wohl zumute war, als der Bote des Apostels Paulus diesen Brief in der Gemeinde vorlas und sagte: „Evodia und Syntyche ermahne ich, eines Sinnes zu sein. Und du, mein lieber Mitstreiter, hilf ihnen dazu, daß sie zurechtkommen." Vielleicht hat es damals schon „rote Köpfe" gegeben.

Das können wir bei vielen Ermahnungen der Briefe im Neuen Testament feststellen. Sie werden im Zusammenhang mit der Gemeinde gegeben. Darum ist es für die Ethik wichtig, nicht nur den einzelnen auf seine Verantwortung hin anzusprechen und ihm zu überlassen, was er dabei herausfindet, sondern mit ihm gemeinsam in der Gemeinde den Weg zu suchen, den er zu gehen hat. Mit anderen Worten: miteinander darüber zu sprechen, was unter der Leitung des Geistes und unter Berücksichtigung der biblischen Botschaft heute dran ist.

Ich habe das einmal bei einem Seminar sehr eindrücklich erlebt. Ich hatte über Berufsethik und über das Problem der Wahrhaftigkeit im Beruf gesprochen. In der anschließenden Aussprache meldete sich eine junge Frau und sagte: Ich habe ein ganz großes Problem. Ich bin Apothekenhelferin und muß auf Anweisung meines Chefs mit Rezepten Dinge machen, die ungesetzlich sind. Was soll ich tun? Weigere ich mich, fliege ich 'raus; tue ich's, hafte ich dafür. Was soll ich tun?

Ich wußte keinen Rat. Dafür ist sicherlich Sachkompetenz nötig. Ich fand es geradezu beglückend, daß in diesem Seminar sich jemand meldete und sagte: Wir reden gleich miteinander; ich bin ebenfalls Apotheker; ich kenne das Problem, und ich weiß, wie man es lösen kann.

Wir haben ein großes Geschenk dadurch, daß wir als Gemeinde zusammenleben und daß in dieser Gemeinde so viele begabte, in vielen Sparten des Lebens tätige Menschen da sind. Wie sehr verarmen wir, wenn wir meinen, alle ethischen Entscheidungen allein verantworten zu müssen. Koinonia-Ethik ist das Denkmodell, das mir am nächsten bei dem zu sein scheint, was das Neue Testament beschreibt.

Was kommt bei diesem Denkmodell in den praktischen Konsequenzen für den Alltag heraus? Dreierlei: Es kommt Demut dabei heraus. Wer gelernt hat, was Gemeinde ist – Gemeinschaft der Versöhnten, der Sünder, die begnadigt worden sind, Gemeinschaft derer, die die Barmherzigkeit Gottes erlebt haben –, der muß vor seinen Brüdern und Schwestern keine Rolle spielen, die er nicht vertreten kann. Er kann ehrlich sein und zugeben, wo es in seinem Leben nicht stimmt. Er kann auch Unrecht eingestehen; denn er muß ja nicht perfekt sein. Er lebt von der Vergebung, kann um Vergebung bitten und Vergebung gewähren. Gemeinde als Gemeinschaft der Versöhnten: Demut ist gefragt.

Das andere Stichwort ist „Haushalterschaft". Gott hat uns viel anvertraut – gerade in unserem Land, das eines der reichsten Länder ist. Ich bezweifle, daß Gott uns diesen Reichtum anvertraut hat, damit wir ihn für uns verbrauchen. Gott wird uns danach fragen, was wir mit dem uns Anvertrauten – an Gaben und an Besitz – gemacht haben. Es geht um verantwortliche Haushalterschaft.

Gott möchte seine Gemeinde als eine Gemeinschaft des Dienens sehen; eine Gemeinschaft, die nicht sich selber lebt, sondern dem, der für sie gestorben und auferstanden ist; eine Gemeinschaft, die in diesem Sinne bei den Menschen ist und in Lücken springt, wo geholfen werden muß. Diese Koinonia des Dienens ist gefragt.

Ich denke, daß noch ein Gesichtspunkt dazugehört, den ich mit dem Stichwort „Teilen" oder „Bescheidenheit" verbinde. Ich meine damit ausdrücklich den äußeren Besitz, den uns Gott anvertraut hat. Auch hier bin ich der Überzeugung: Er ist uns nicht zum eigenen Verbrauch gegeben. Es gibt viele, die darauf warten, daß wir das, was uns geschenkt worden ist, für Gottes Ziele einsetzen – sei es die Verkündigung des Evangeliums, sei es materielle Hilfe. Die Briefe des Neuen Testamentes lassen keinen Zweifel daran, wohin Gottes Herrschaft bei denen, die davon ergriffen sind, zielt, daß sie mit anderen, die es nötig haben, teilen.

Ich glaube, wir haben noch nicht angefangen, diese Lektionen zu lernen. Ich bin aber zutiefst davon überzeugt: Wo Gemeinden diese Lektionen lernen – Demut, Haushalterschaft und Bescheidenheit zum Teilen –, ist die Frage der wirksamen Evangelisation entschieden, ist Gemeinde das, was Jesus als Wesen der Gemeinde beschrieben hat. Da ist sie Salz der Erde, Licht der Welt, Stadt auf dem Berg. Die Bibel nimmt uns mit auf einen Weg, der sicherlich kein bequemer Weg im Alltag ist, aber bei dem sichtbar werden kann, was Liebe Gottes im Leben von Menschen bewirkt.

Anmerkungen

[1] W. Arnold, Können wir der Bibel glauben? in: DER GÄRT-NER, Witten 1978, S. 147f u. 163 f.

[2] Verfassung des Bundes Freier evangelischer Gemeinden in Deutschland KdöR, Präambel, Absatz (1), in: Erdlenbruch/Ritter, Freie evangelische Gemeinde, Witten 1981³, S. 43.

[3] Lausanner Verpflichtung, Artikel 2, in: John R.W. Stott, Autorität und Kraft der Bibel, in: René Padilla, Zukunftsperspektiven, Wuppertal 1977, S. 31.

[4] Heinrich Heine, Vorrede zur 2. Auflage von „Zur Geschichte der Religion und Philosophie in Deutschland" 1834¹, 1852². In dieser Vorrede setzt sich Heine ab von Aussagen, die in der 2. Auflage noch einmal gemacht werden.

[5] Martin Luther, Sendbrief vom Dolmetschen, 1530, WA 30², S. 636.640.641; zit. nach der Calwer Ausgabe Bd IV, S. 17.23.

[6] Jahresaufgabe 88/89: „Bibel leben", Bund Freier evangelischer Gemeinden, Jugendgeschäftsstelle, Witten 1988; S. 58.

[7] Ernst Troeltsch, Über historische und dogmatische Methode in der Theologie, 1898, in: Troeltsch, Gesammelte Schriften, 2. Bd., Aalen 1962², S. 729-753.

[8] Rudolf Bultmann, Die Erforschung der synoptischen Evangelien, Berlin 1966, S. 49 u. 50.

[9] Herbert Braun, Die Problematik einer Theologie des NT, in: H. Braun, Gesammelte Studien zum NT und seiner Umwelt, Tübingen 1967², S. 341.

[10] John A.T. Robinson, Gott ist anders, München 1964, S. 52-70.

[11] Eta Linnemann, Anmerkungen zum Studium der historisch-kritischen Theologie, Leer-Loga (Selbstverlag).

[12] Eugen Drewermann, Tiefenpsychologie und Exegese, Freiburg, Olten ²1985, Bd. I, S. 24.25.

[13] Martin Dibelius, Die Formgeschichte des Evangeliums, 1966⁵, S. 34-65.

[14] Eugen Drewermann, Tiefenpsychologie und Exegese, Bd. I, S. 508.

[15] E. Drewermann, Tiefenpsychologie, Bd. I, S. 508.

[16] Gerhard Lohfink und Rudolf Pesch, Tiefenpsychologie und keine Exegese, Stuttgart 1987, S. 19.

[17] Lohfink/Pesch, ebd., S. 101.

[18] Helmut Thielicke, Leiden an der Kirche, Hamburg 1965, bes. S. 105-108.

[19] Vgl. zum folgenden G. Hörster, W. Lukas, M. Nijkamp, Gottes Herrschaft in der Gemeinde, Witten 1982, S. 15-29.

[20] Dietrich Bonhoeffer, Ethik, München 1963⁶, S. 362f.

[21] Franz Alt, Frieden ist möglich. Die Politik der Bergpredigt, München 1983.

[22] John A.T. Robinson, Honest to God, London 1963, (deutsch: Gott ist anders, München 1964).

[23] Robinson, Gott ist anders, S. 109-124.

[24] Joseph Fletcher, Situation Ethics, The New Morality, London 1966 (deutsch: Moral ohne Normen, Gütersloh 1967; ders., Moral Responsibility. Situation Ethics at Work, London 1967, (deutsch: Leben ohne Moral?, Gütersloh 1969).

[25] Martin Luther, Von weltlicher Obrigkeit: wie man ihr Gehorsam schuldig sei, 1523, in: Luthers Werke in Auswahl, hrsg. von Otto Clemen und A. Leitzmann, Band 2: Schriften von 1520-1524, Berlin 1967⁶, S. 360ff.

[26] Karl Barth, Christengemeinde und Bürgergemeinde, München 1946.

Sonderausgabe
Der vollständige Kommentar zum Neuen Testament

Die Wuppertaler Studienbibel

6 Bände in einer Kassette

Über 6000 Seiten, fester Einband

„Ich möchte jedem Bibelleser als leicht verständliche und sehr praktische Einführung die Bände der WUPPERTALER STUDIENBIBEL empfehlen. Sie bringen nicht nur klare, sachliche Erläuterungen der einzelnen Worte, Begriffe und Gleichnisse und eine gute Einführung in die Sitten und Gebräuche Israels. Darüber hinaus versuchen sie, den überzeitlichen Sinn der einzelnen Bibelworte deutlich herauszustellen und die biblischen Aussagen in ihrem ewigen Gehalt begreifen zu lassen. Für mich sind die Bände der WUPPERTALER STUDIENBIBEL die beste und leichtverständlichste Einführung in die Heilige Schrift. Ich empfehle sie jedem aufgeschlossenen Bibelleser."

Georg Popp, Schriftsteller und Publizist

„Die WUPPERTALER STUDIENBIBEL gehört in die Hand jedes Mitarbeiters in der Jugendarbeit." *Pfarrer Ulrich Parzany*

„Es gibt kaum eine Predigt oder Bibelarbeit, zu deren Vorbereitung ich nicht die WUPPERTALER STUDIENBIBEL benutze. Oft lese ich auch für mich persönlich große Abschnitte in den Büchern, weil sie mir wichtige exegetische Leitlinien zeigen."

Pfarrer Paul Deitenbeck

BRUNNEN VERLAG GIESSEN

Die Auslegungsreihe zum Alten Testament

Jakob Kroeker/Hans Brandenburg

Das lebendige Wort

15 Bände in einer Kassette
(Alle Bände sind auch einzeln erhältlich)

4000 Seiten, Paperback

Diese Auslegungsreihe will die heilsgeschichtlichen Zusammenhänge und die Lebensprinzipien des Alten Testaments für den Bibelleser erschließen und verständlich machen.
Bei den meisten alttestamentlichen Texten wird dabei Versweise und unter Benutzung einer eigenen Übersetzung aus dem Grundtext vorgegangen. Das erleichtert den Gebrauch der Auslegungsreihe für den Mitarbeiter im Verkündigungsdienst. Andere biblische Bücher werden stärker im Überblick und mit Hinweis auf die geschichtliche Situation der Umwelt dargestellt. Jeder Band ist in sich abgeschlossen. „DAS LEBENDIGE WORT" will zum Bibelstudium anleiten. Es ist eine wertvolle allgemeinverständliche Hilfe für jeden Bibelleser.

BRUNNEN VERLAG GIESSEN

Das Große Bibellexikon

3 Bände im Format 22 x 28,5 cm

insgesamt 1798 Seiten, fester Einband mit Schutzumschlag

Herausgegeben von Helmut Burkhardt, Fritz Grünzweig,
Fritz Laubach und Gerhard Maier.
Unter Mitarbeit von über 150 namhaften Autoren
aus dem In- und Ausland.

Das Große Bibellexikon bietet ca. 2500 Artikel, graphisch und
didaktisch aufbereitet mit ca. 500 meist vierfarbigen Karten
und Diagrammen sowie mehr als 1000 Fotos, über 500 davon
vierfarbig. Die Artikel geben nicht nur den biblischen Befund
wieder, sondern vermitteln in einer auch dem interessierten Leser verständlichen Form die fachwissenschaftliche Diskussion
und die Ergebnisse theologischer Arbeit. Neben Artikeln zu
biblischen Begriffen, Orts- und Personennamen enthält das
Große Bibellexikon zusätzlich auch theologische Informatio-
nen und zeigt kulturelle und historische Zusammenhänge auf,
deren Kenntnis für das Studium der Bibel unerläßlich ist.

BRUNNEN VERLAG GIESSEN

Brunnen Taschenbücher:
Aktuelle Themen, Christsein heute